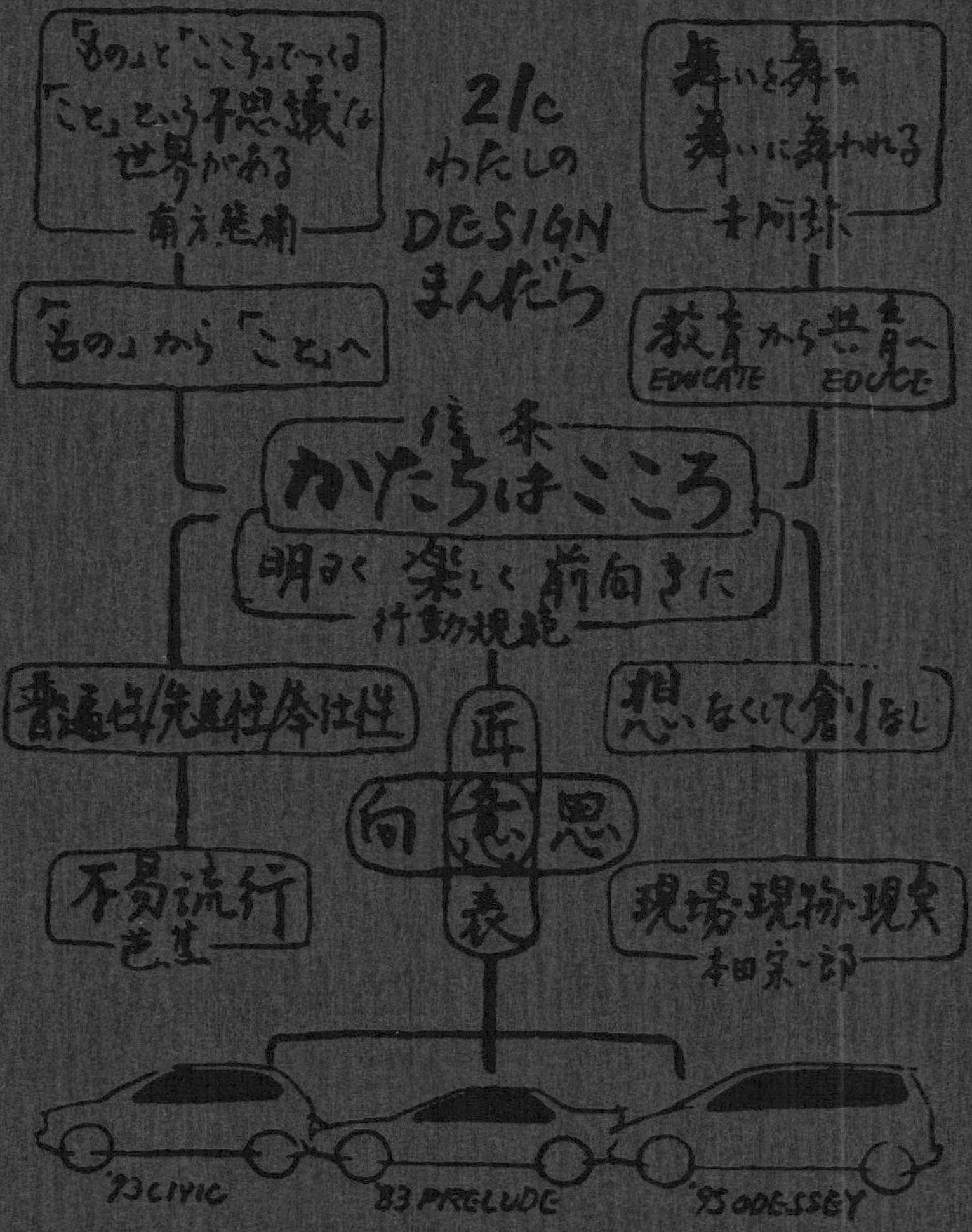

21c
わたしの
DESIGN
まんだら
「もの」と「こころ」でつくる「こと」という不思議な世界がある
「もの」から「こと」へ
舞いと舞い
舞いに舞われる
教育から共育へ
EDUCATE EDUCE
信条
かたちはこころ
明るく 楽しく 前向きに
行動規範
普遍性/先進性/奉仕性
想いなくして創なし
匠
向
意
思
表
不易流行
芭蕉
現場・現物・現実
本田宗一郎
'93 CIVIC
'83 PRELUDE
'95 ODESSEY

ホンダに学ぶ

デザイン「こと」始め

岩倉信弥

産能大学出版部 刊

はじめに

一九六四年、東京オリンピックが開催された年に、私は自動車産業に参入したばかりの本田技研工業株式会社に入社した。以来三六年のあいだ、一担当デザイナーから経営的立場（常務取締役・四輪事業本部商品担当）まで、幅広いデザイン活動や商品開発に携わることができたと思っている。またそうした中で、創業者・本田宗一郎をはじめ歴代経営陣の薫陶を受け、「モノつくり」とはどういうものであるかを学んだ。そしてデザインのもつ威力を目の当たりにし、それが企業経営にとっていかに重要か、身をもって体験したひとりである。

本書は、二〇〇〇年から三年間にわたり、教鞭をとってきた多摩美術大学生産デザイン学科プロダクト専攻での「プロダクトデザイン概論」、および立命館大学経営学部での「製品開発論」の講義内容をもとにしている。デザイナーを志す学生のみならず、広くデザインに興味をもつ一般の人たちにも、デザイン、とりわけ私が専門としてきたプロダクトデザインとはどんなものか、どのようにして行われるものか、またそれが人々の生活の中でいかに大切なものなのか、について知ってもらいたく再編集したものである。

このところ、日本経済の急成長下で進んだ「モノ溢れ」や、その結果生じたとされる「モノ離れ」によって、日本人の多くが、モノつくりに対する自信をなくしてしまったかのように感じられてならない。たしかに、産業全体に占める製造業の比率は低下していく傾向にあるとはいえ、「モノつくり」そのものが不要になるはずもなく、むしろ、「よいモノ」の出現が期待されているのだと思う。「よいモノ」こそが、人々の生活を豊かにするに違いないと考えるからだ。「よいモノ」とは何か、ということを使う人たちが真剣に考える時代がきたといえる。

「モノ」から「こと」の時代へ、といわれるようになって久しい。明治の人、南方熊楠は『『モノ』と『こころ』でつくる『こと』という不思議な世界がある」と先見した。これからのデザインは「モノ」にだけ関わるのではなく、その「モノ」によってどのくらい素晴らしい「こと」が生み出せるか、ということにも大いに関わっていくべきであろう。同時に、「モノつくり」が面白く楽しいものであることを、大人たちが率先して子供たちに伝えていく責任がある。日本には世界に誇れる素晴らしいモノつくりの歴史があることも……。

二一世紀、人々の日常の暮らしにおいて、デザインの重要性がより高まっていくことは論議を待たない。これからの日本のモノつくりを担っていく若い人たちに、私が、優れた先人よりすり込まれた「モノつくり」の知識やその使い方を、少しでもお伝えできればと願う。また本書が、デザインを学び活用したいと思っている人たちのための、道しるべ、あるいは意識付けの一助となれば幸いである。そして読者自身のデザイン観を育てていってもらいたい。

本書の執筆にあたり、出版社との橋渡しにご尽力をいただいた多摩美術大学総務部長の柿本静志氏に、また出版に際し快くお引き受けいただくとともに多くのアドバイスをいただいた産能大学出版部の矢後日出雄氏に、この場を借りて心よりお礼を申し上げる。なお、本田技研工業株式会社広報部より多数の資料を提供していただいた。併せて感謝申し上げたい。

二〇〇四年二月

岩倉　信弥

目次

第1章

私とデザイン

How I have seen design in my everyday life

二一世紀の日本をデザインする

私は常々、「デザインって何だろう」と考え続けてきた。それでも、学生時代を含めてデザインに関わるようになって四〇年近くなるわけだから、なんとか自分自身で納得できる答えを出してはいるのだが、それが他の人々の賛同を得ることができるかどうか定かではない。

例えば、私の専門はプロダクトデザインだが、これを説明するのに、「製品のデザインをすることである」では答えになってはいない。「デザインとは何だ」、と考えている人はたくさんいて、さまざまな視点からの意見が存在している。だから、これから私が説明するデザインの話は、そうしたさまざまな考え方のひとつに過ぎない。いうならば、自分の長年の経験をもとに私自身が感じたことをまとめたものである。「デザイン」について説明したら一〇〇人が一〇〇とおりの説明をするに違いないし、私の考えだってこうした中のひとつに過ぎない。だから「デザインとはこうだ」という断定は危険である。結局は、デザインを志した読者諸君それぞれが、自分なりの結論を見出さなければならないということであり、これからの私の話が、そのような結論を導き出す手助けになれば幸いである。

一九九〇年代初めのことになるが、通産省（現・経済産業省）が、「二一世紀の日本をデザインする」というテーマの研究プロジェクトを発足させた。本田技研の取締役であった私も諮問委員として招かれた。そのときの諮問委員長はトヨタ自動車の豊田章一郎氏。集まられたいろいろなジャンルの方々と、その頃の日本が抱えていたいろいろな問題について議論を交わした。

その中で今でもよく覚えているのが、「将来の日本の教育」についての議論である。科学文明が閉塞状態にあるなか、日本が世界に誇れるのは長い歴史が培ってきた独自の文化であり、その文化レベルをさらに高めていくには、教育の問題は避けて通れない、という結論になった。私が今日、こうして大学で教鞭をとることになったのも、このときにデザインや美術の教育について大いに関心を拡げたことにある。

最初の委員会が終わり、帰りがけに通産省がくれた資料を入れる封筒に、大きな字で「輸入を促進しましょう」と書いてあった。ちょうどアメリカとの貿易摩擦が激しい時期であり、極端な円高と日本の対米輸出過剰がアメリカの「双子の赤字」の原因だとして反発を買っていたさなかである。そうしたことへの緩和策として、このスローガンができたのだろうと理解した。

それよりも少々私が不思議に思ったのは、この諮問委員会のお世話をしてくれていたのがこの通産省の貿易課であり、さらに日本のすべてのデザインを所管している官庁も同じ通産省の貿易課であったことである。なぜ貿易課なんだろうか、と考えているうちに思い当たった。

「これからはデザインや！」

昭和二〇年代の半ば、松下電器の社長だった松下幸之助さんが、アメリカの視察旅行から帰った羽田空港で開口一番、「これからはデザインや」といったという有名な話がある。あまりに上手くできている話なので、本当に空港でこう言ったかどうか定かではないのだが、資源に乏しい我が国が戦後の荒廃から立ち直るには「加工貿易国」として生きていかざるを得ない、そのためには輸出される製品のデザインをよくしなければならない、という意味を込めての「これからはデザインや」であったのだと思う。

これは、もちろん政府も承知していて、通産省が「海外市場調査会」（現在の日本貿易振興会：ＪＥＴＲＯ）という団体を組織し、輸出振興のために日本のデザインのレベル向上に取り組み始めた。海外の著名なデザイナーを招き、彼らから日本のデザイナーが学び、また多くのデザイン留学生を海外に送り出した。こうした人たちが、後の日本のデザイン界を背負って立ったのである。

何十年か経って、日本製品は品質もデザインもよくなり、いや、よくなりすぎて輸出が増え続け他国の市場を圧迫していた。だから、輸出を抑え輸入を増やそう、輸出で金儲けすることばかりを考えずに、日本の未来をどうすればよいかを考えよう、「二一世紀の日本をデザインする」という研究プロジェクトの主旨は概ねこういったことであった。通産省貿易課が「デザイン」を扱うのは、こうした事情からだろうと思ったものである。

幕末に吉田松陰が開いた松下村塾（先ほどの松下幸之助さんが始めた「松下政経塾」と間違える人が時にはいるようだが……）では、知識としての学問を詰め込むのではなく、現実に即した問題を自分の考えをもとに解決していくことを重視した。だから、塾長の吉田松陰は自ら社会についての忌憚のない意見を述べて、問題解決のための道筋を示し、後は塾生が自ら考えることによって育っていくという、その頃としては大変珍しいやり方を採った。大学で教鞭をとるようになった私としても、吉田松陰には及びもつかないことだが、こうしたやり方でやっていきたい。教育とは共育（共に育つ）を信条としていきたいと思っている。

東京で暮らす

私は東京の渋谷、明治神宮や代々木公園のすぐ近くに住んでいる。大学に通った四年間とホンダでの三六年間を通じて四〇年ほどを東京で暮らしてきた。二〇歳代、それも高度成長の始まりであった一九六〇年代に東京に住み始めたことは、その後の私のデザインという仕事にかなり大きな影響を与えることになった。空気は悪いし、物価は高いし、人口は過密だし、おまけに財政も破綻寸前であるし、ゆったりと落ち着いた生活をするには、東京が決してよいところでないことは重々感じていた。それに、ホンダの自動車デザインの拠点は、東京の北西に隣接する埼玉県の和光市にあったから、通勤のことを考えても、仕事場の近くに住むほうがはるかに楽であったが、私は東京に住むことに強くこだわったのである。

今まで、人生の半分以上を東京で過ごしたことになるが、私は和歌山の生まれで、かなりはずれてはいるが関西人である。だから、子供の頃に憧れた都会は東京ではなく大阪であり京都であった。日本の歴史における京都の文化的役割、なんてことは物心がつくまで分からなかったし、小学校での修学旅行も京都だったから、世の中の中心が京都や大阪であると当然の如くに思っていたのであろう。それに私たちが子供の頃は

「チャンバラごっこ」でよく遊んだから、当時の大スター嵐寛寿郎（若い人は分からないだろうけど）が扮する「鞍馬天狗」の活躍する京都の町に格別の憧れがあったのかもしれない。しかしその私がデザインを志すと、京都や大阪を素通りし東京に出て、そこでずっと暮らすことになってしまった。

デザイン、特に私がやってきた「製品デザイン」が対象とするのは、人間の日々の暮らしに役立つ道具についてである。私の専門は自動車であったが、これだって家具や食器、衣料品や文房具といった道具の一種に違いない。人の暮らしに役立つ道具を考えるには「人の暮らし」を知らなければならない。だからといって、他人の生活をのぞき見するわけにはいかないから、その代わり多くの人が暮らす環境に身を置いて、そこからの刺激を受け続けることにした、ということになろう。それならば、横浜だって札幌だって大した変わりはなさそうだが、やはり当時も今も東京は、情報の量や質において世界にも希な特別の街であると思っている。

「情報」は洗剤

今の世の中は、ラジオ・テレビ、新聞・雑誌、あるいはインターネッ

東京の鳥瞰
代々木公園、新宿副都心を見る

トと、いろいろなメディアが発達しているから、家に居ながらにして世界中のさまざまな情報に接することができる。実際に、離れ小島や山の中に住んで、そこでクリエイティブな活動をしている人が大勢いる。世界的に著名なデザイナーの中にもこうした人は多い。しかし私自身、自分のデザインの出発点は人々の日常の暮らしにあると思っているからこそ、同じ場所で目と耳と肌で感じることのできる生の情報を大切にしている。

メディアを通しての情報はよく整理されているし、簡単にたくさん集められるから大変に便利である。これを利用しない手はない。しかし、これらの情報は自分以外の誰かが集めてまとめたものであり、その人なりの何らかの考えにもとづくものであることを知っていなければならない。

一方、五感をとぎすまして自ら得た情報は、自分だけのものであるから格別なものといえる。だが、気をつけなければならないのは、得られた情報に対して自分勝手な都合のよい解釈をしないこと、つまり客観性を失わないことである。昔から「百聞は一見にしかず」といわれているが、これは常に創造的であろうとするデザイナーにとって重要なことだと思う。

「田舎もの」「都会人」と対照的にいわれるが、田舎ものとは、考え方や行動が、野暮で垢抜けしない人のことをいうのであって、田舎に住んでいる人のことをいうのではない。洗練されて、垢抜けした人を都会人と呼ぶのであろうが、ある程度、どんな人でも大勢の人が暮らす大都会で過ごすと、知らず知らずのうちに垢抜けてくるものである。

それは取れたての泥付き芋を桶の中で洗うのと同じで、お互いにこすり合って身体がきれいに美しくなるのだ。他人に気を配り迷惑を掛けないための身の処し方について教えられることが「躾」であり、文字どおり身を（もちろん心も）美しくすることである。

「垢抜ける」とは、世の中の様々な情報によって、この言葉どおりに肌がきれいになり、感性が豊かになるという例えであろう。「情報」は身体を美しくする洗剤だといえる。私が東京で暮らすことにこだわったのは、こうした理由からではあるのだが、本当のところは、ここが何よりも刺激的で面白い街であったことに尽きると思っている。

ベトナムで走る「ＳＳ-50」

私が多摩美術大学を卒業した昭和三九年（一九六四年）は東京オリンピックが開かれた年で、東海道新幹線が開通した年でもある。卒業後入社したホンダで、初めて自分一人に任されたのが「ＳＳ-50」という五〇ccのオートバイであった。ホンダ時代に私がチーフデザイナーとして関わったオートバイは、後にも先にもこれだけである。本当は四輪車がやりたくて入ったのだが、新米の私に仕事が選べるはずがない。二輪のことはよく分からず苦労したことと、初めて本田宗一郎さんにお声をかけていただいたというより、ものすごく怒られたことで、この機種は特別に想い出深い。

それから三六年後、定年により会社を去る前に、挨拶や講演のため世界各地のホンダの工場や研究所を廻り、そのひとつとして、ベトナムで立ち上がったばかりのオートバイ工場に行ったときのことである。

一般的にどこの工場でも、玄関には、そこでつくられている製品の展示コーナーがあるが、この工場の玄関正面にはなんと、この「ＳＳ-50」が飾ってあったのだ。細部は少しばかり変わっていたが、それは紛れもなく、あの「SS-50」であった。日本ではとっくの昔にオリジナルのデザインは見られなくなっていたのに、ベトナムではまだ生き残っていたのだ。

「SS-50」をデザインしたあと、私はずっと四輪車を担当してきたので、こういった事情をまったく知らないでいた。ホーチミンの街で、何台も何台も、このバイクに出くわしたのには驚いたが、私が間もなくリタイアするというのに、土地の人の話によると、「SS-50」は、まだあと三〇年は走るだろうということであった。「モノつくり」という仕事をしていて、本当によかったと感動するのは、こういうときなのかもしれない。

また、これに続く旅でオーストリアに行ったときのこと、私がホンダで本格的に関わった最初の四輪車の「N360」という軽自動車が、最新型のアコードとなかよく並んで走っていた。三〇年も前の車だから、当然オーナーは大切にしてくれているのだろうが、どうやら日常生活の足として使われているようであった。日本でも古い車をもっている人はたくさんいるが、足代わりに使っている人はまずいない。きれいに磨いてガレージに保管し、年に数回だけ天気のよい日に少しばかり走らせる、というのがいいところだ。自分の手がけた製品が大切にされている

SS-50(1967年)
ワルサーP38のガングリップをイメージしたスポーティーなベンリイSS-50

のは嬉しいが、それを役立ててくれているなら、さらに嬉しいものである。

デザインは「謀《はかりごと》」、デザイナーは「手品師」

私は冒頭で述べたとおり、学生時代も含めて四〇年の間「デザイン」に関わってきたが、その間ずっと「デザインとは何だろう」と考え続けている。「デザインって何だ」と多くの先人がいろいろに解説しているが、「デザイン」という言葉自体が日常で普通に使われているし、今の世の中で、この言葉を聞いたことがないとか使ったことがないという人は、まずいないだろうと思う。

「Design」という英単語を辞書で引くと、「装飾」「飾り」「企画」「計画」など、なるほどと納得できる説明の最後のほうに、「謀《はかりごと》」というのがあった。企てたり計ったりであるから、「はかりごと」には違いないが、この言葉には「陰謀」とか「謀略」とか、どうも芳しくないニュアンスが伴っている。まあ、たしかに製品を見栄えよくして、何倍もの値段で売ろうとするわけだから、「はかりごと」には違いない。

車は「鉄の塊」といわれているが、全部が鉄でできている訳ではない。ホンダ・シビックを例にすると、鉄は七〇%ぐらいで、他にアルミニウムやガラスやプラスチック、布や皮だって使われている。こういった材料をすべて合わせた重さ一トン分の材料費（コスト）を二〇万円とすると、実際の自動車は、普通二〇〇万円ほどの値段で売られている。加工費や流通費、メーカーやディーラーの利益が上乗せされた値段であるから、差額のすべてがデザイン料ではない。

だが、加工や流通といったどのような製品に対しても必要であって、製品ごとにほぼ一定の割合で必要なコストと異なり、デザインはそのためのコストとは比例せずに製品の価値を大きく高める場合があるから、利益の部分を増やすことができる。自動車に限ったことではないが、メーカーにとっては「はかりごと」が儲けにつながるわけである。しかし手品師（マジシャン）がタネという「はかりごと」で観客を騙して喜ばせるのと同様に、デザインもユーザーに喜んでもらい、気分よく心豊かになってもらうのだと思えば「はかりごと」もまんざら悪くない。デザイナーは手品師と同じに、「お客さんを騙して喜んでもらう〝技〟」に磨きをかけなければならないと思っている。

「デザイン」を私なりに一言でいうなら、ここでは、「大量生産される製品の価値を高めるような姿かたちを決定すること、あるいはそのようにして表れた結果」ということになる。大雑把な説明だが、それほど間違ってはいないと思っている。ここでいう「製品」とは、私の場合は自動車であったが、他にも衣装であったり、建物であったり、ポスターであったり、アニメのキャラクターであったりする。世の中のありとあらゆるものに、デザインは関係しているのだ。

例えば、夕食のために肉を焼いたとする。焼き上がった肉を皿に盛ろうとするとき、誰でも無意識のうちに皿の真ん中に置く。皿の端では外に落ちるかもしれないし、何よりも「見た目」が悪い。さらに「見た目」と味のバラエティを考えて、野菜を付け合わせる。この場合ほとんどの人は、皿の上での肉や野菜の配置や彩りのバランスなどをこれも無意識にうちに考えるものだ。つまり、皿の上をきれいに見た目よく飾るのである。これが一番簡単な「デザイン」の説明であろう。皿にきれいに盛りつけることによって、料理の価値は上がることになる。いや、オレは盛りつけなんてどうでもいい、うまいものをたくさん食えればいいんだ、などというがさつな人がいたとしても、大多数の人はきれいに盛りつけられた料理を好むものだ。

第2章

デザインとモノつくりの原点

The origin of design and production

アルタミラの壁画

一八七九年の春、スペイン北部のサンティヤナ・デル・マールという村で、ここに住む弁護士のサウストラと五歳の娘が散歩中に洞窟に入り、崩れ落ちた天井の瓦礫の間からさらに奥の、天井いっぱいに描かれた画を発見した。これが、フランスのラスコー洞窟の壁画とともに先史時代の壁画として有名なアルタミラ洞窟の壁画である。

洞窟は奥行きが約三〇〇メートル、一〇〇〇点ほどのシカ、ウマ、イノシシなどが描かれ最大のものは二メートルもの長さだ。今から一万三千年ほど以前の旧石器時代後期、クロマニヨン人によって描かれたと推定されている。

こんな大昔に、なぜこれらの壁画が描かれたのだろうか。狩猟の成功を願った宗教的な意味合いが強いとされているが、本当の理由は分から

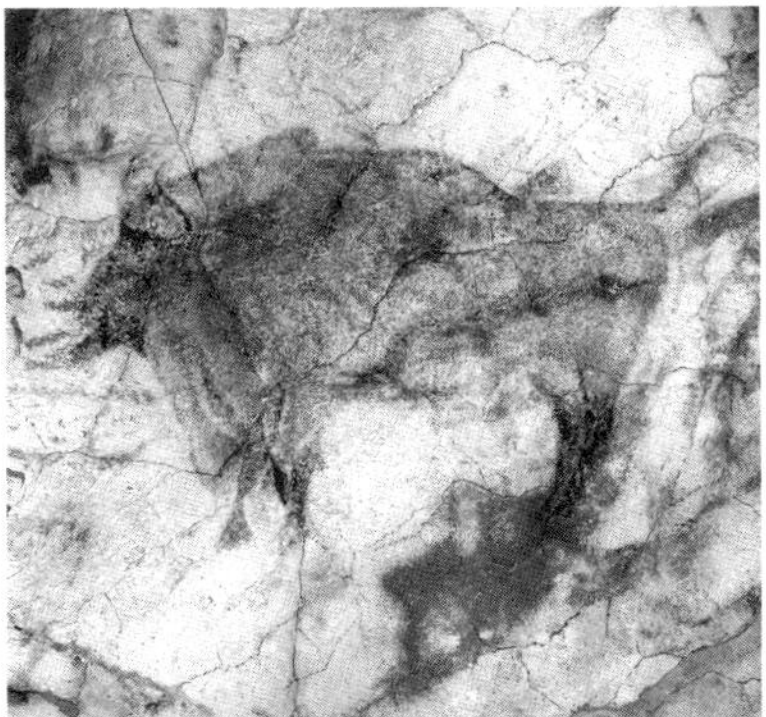

アルタミラの壁画
19世紀末にスペイン北部で発見されたアルタミラ洞窟壁画

写真提供　スペイン政府観光局

ない。私は何度もヨーロッパに行っているので、その都度、何とか実物を見たいと思っていたが、壁画の保存のために残念ながら、現在では一般に公開されていない。写真で見る限りとても一万年以上も前の絵とは思えない。技量も表現力も第一級である。

この時代の人々は壁画だけではなく、石のナイフを使って木や骨、象牙などを彫りいろいろなものをつくった。こうしてつくられた人形（人物像）には、妊娠している女性のものが多い。壁画に描かれた動物にしろ妊婦の像にしろ、おそらく狩猟の成功や多産を願った、宗教的な儀式に用いられた呪術的色彩が濃厚なものなのだろうが、人はそうした目的のためのみに壁画を描いたり像を彫ったりするだろうか。像を刻み、壁画を描くこと自体の楽しみを目的とした人々がいたであろうことは容易に想像できる。自分の頭の中にあるイメージを目に見える形に表現することは、何とも心躍る行為であるからだ。

さらに、より優れた表現のために、壁画を描くための木炭や、像を彫るための石のナイフに工夫が加えられたに相違ない。工夫とはいっても、技術的に未熟な時代であるから、手を加えるというよりも、もちやすい木炭を選んだり、出来るだけ鋭くなるように石を割り続けたのであろう。こうした取捨選択は、自分の頭の中にある「こうあるべき」というイメージと現実のモノとを照合させているのだから、一種のデザインと言えなくもない。

漬物石を拾う

今では、漬け物は買ってくる人が多くなったが、昔は各家庭で漬けるもので、冬になると野菜が手に入らなくなる雪の深い地方では保存食品であった。今でもそういう地方の家庭ではつくられているであろうが、都会ではまず見かけなくなってしまった。

例えば糠《ぬか》漬けは桶に糠床（米糠を水で練り、塩や、その他の調味料を加えたもの。各家庭独自の味がある）を入れ、その中に大根や茄子を沈め、上から「漬物石」を乗せて何日間か置く。そうすると大根や茄子の水分が糠床の塩分と入れ替わり、適度に発酵して良い味となり食べ頃になる。この「漬物石」、今の若い人は知らないかもしれないが、河原に転がっているようなただの石ころである。しかしこの「漬物石」は、漬け物を漬けるための重要な「道具」のひとつなのである。

ただの石ころを「漬物石」と呼ぶからには、他の石とは違う特徴が何かありそうだ。まず、漬物に適した大きさと重さであること。それから、転がりにくく手でもちやすい形であること。さらに硬くて割れたり崩れたりしないこと、凸凹だったり尖っていないことなどに加えて、食べ物に使用するものだから、それなりの「見た目」も大切になる。

河原に行って、こうした条件に合った石を探してくること、これは「モノつくり」と同じといってよい。人が「こうでなければならない」という気持ちになっているからであって、そのようにして「漬物石」を選ぶことは、デザインすることと同じであるはずだ。デパートなどで、樹脂コーティングの「重り」が「漬物石もどき」として売られているが、味気ない気がしてならない。

「漬物石もどき」のように今の世の中では、すべての「モノ」が「商品」として扱われてしまう。そして「デザイン」は「モノ」と関わるのだから、デザインが扱うのは「商品」である、ということができる。特につくり手、企業から見た「デザイン」というのは「商品つくり」の一環にほかならない。

しかし、使い手側としては、こんな風に考える必要はまったくない。使い手にとって「商品」であるか否かは、アイディアが形になるまでの「モノつくり」の結果を、どうやって我がものとするかの方法の違いでしかない。「モノ」を手に入れるために、たまたま金を使うにすぎないのだ。日常の暮らしに必要なさまざまなモノ（生活財）を選択するとき、河原の石ころをそれぞれの基準で選び、それぞれの人にとっての「漬物石」に進化させるように、たくさんの「モノ」の中から本当に必要で暮らしに役立つもの、自分の手足となるものを選択することも広い意味でのデザイン、使い手にとってのデザインなのであろう。

暮らしがデザインを生む

現在、「デザイン」という言葉はごく普通に使われているし、これが何のことかまったく分からないという人は少ないはずである。だが、「それじゃあデザインって何だ」と問われると、誰も明快には答えられない。多くの人が、何となく「格好よいものを考えること」とか「あるものを格好よく飾ること」などと感じているようで、これに何の間違いもないのだが、それが答えのすべてではない。

また、デザインにもいろいろなジャンルがあって、私が専門とするのはプロダクトデザインだが、他にグラフィックデザイン、テキスタイルデザインや建築デザインなどがあり、最近では環境デザインや情報デザインと呼ばれるものもある。それらのデザインが目指すもの、そのためのやり方や考え方はそれぞれ違う。それらに共通する概念を、プロダクトデザインを例にして話を進めていくが、これを「モノつくりに伴うデザイン」というように解釈していただければ、少しは分かりやすくなると思う。

「モノつくりの原点」という視点で論じるなら、たしかに、現代デザインは「アルタミラの壁画」や「石器」にまで遡ることができるが、逆にこれらが時を経て現代のデザインに変化してきた、というには少々無理がある。洞窟に壁画を描くこと、石を割り磨いて石器をつくることのどちらにも、現代のデザインにかなり近い意志や思考が存在していたと私は考えているが、これらが「デザインされた結果」であるのか、というとそうはいえない。洞窟に描かれた壁画や史上初めてつくられた石器が、その時代に生きた人々の暮らしに大きな影響を与えた、あるいは与えようとして行われた結果とは考えられないからである。

至るところの洞窟に絵が描かれ、誰もが二つや三つの石器をもつようになっていたのなら別だが、大昔にこんなことがあったはずはない。洞窟の壁画や石器と違って、現代のデザインは大量生産を前提としている。大量に生産することによって、その「モノ」は少数の人の手に留まるのではなく多くの人々に行きわたり、無数の生活の場で活用されることになって、新しい生活スタイルが生み出されていくのである。こうした大量生産は機械によらなければ不可能であるから、デザインはやはり産業革命以降に生まれた概念であるといえよう。

「デザインとは何か」を考えるとき、実際にはその対象となる「デザイン」そのものにいくつかの「場合」が存在している。例えば、「経営とは」「文学とは」「料理とは」などについて論じ、その本質を明らかにしようとする場合と、それらが人々の日常の暮らしの中でどのように運用されているかを明確にしようとする場合があるが、それと同様であろう。「経営とは何か」と懸命に考えること自体は経営することとは違うし、同様に「デザインとは何か」と考えるのはデザインすることではない。デザインの現場において「いったいデザインとは何だ」などと考えることはまずない。

学生諸君がデザインの本質を考え論ずることは大いに結構である。というか、本質論を論じこれに関わることができるのは学生時代しかないと断言できよう。しかし、こうした研究を職業とするなら別だが、「デザインすること」を職業とするなら、その本質を探ることは仕事ではない。「デザインって何だ」と考え続けていると、「新しいアイディアをどんどん出せ」と上司から注意されるのが落ちである。ただ職業として自分が選んだ道が、この世の中で果たしてどのような位置を占め、なぜそうなったのかを知っていること、あるいは知ろうと試みたことの有無は、それを仕事として行う場合に非常に大きな差になって現れてくるものである。

二〇〇一年宇宙の旅

三〇年以上前、「二〇〇一年宇宙の旅」という映画が公開された。「人類の進化」「文明の誕生」と「未来」を示唆した壮大な内容のSF映画の傑作として有名だから見たことがある人も多いはずだ。原作者アーサー・C・クラークは、不思議な石板を人間の転機を象徴するものとしてところどころに登場させている。

四〇〇万年ほど昔のアフリカ大陸、人類の祖先である猿人が出現して間もなくのこと。水飲み場をめぐって二つの猿人グループが対立していた。力の弱いグループは、数が多く身体が大きなグループにいつも追い払われている。ある夜、弱いグループが住む穴の前に不思議な石板が現れた。押しても引いてもびくともしないし硬くて食えそうにない。猿人たちにとって食えないものは興味の対象にはならない。すぐに彼らは石板のことを忘れてしまった。

その翌日、いつもどおり水飲み場から彼らが追い払われたときに、逃げ遅れて捕まった猿人が、苦しまぎれに傍らにあった何やら大きな動物の骨をつかみ、相手をさんざんに打ちのめす。今まで弱かったグループが骨を武器として使うことで、一挙に形勢を逆転させたのである。喜んだ猿人が骨を空中に放り投げ、それがクルクル回りながら、空高く舞い上がって航行中の宇宙船に姿を変える、というのが有名なファーストシーンだ。

人類が道具を使い始めたのがいつか、そのきっかけは何だったのか、なんてことは当然のことながら全く分からない。それでも、おそらくこの映画のようなことが起こったのは間違いないであろうし、それを何万回何百万回と繰り返しながら、人類は道具を使うことを覚えていったのであろう。

人類が初めて使った「道具」はどんなものか、それはいつのことかなどを知ることはできない。不思議な石板については、よくできたフィクションであろう。それでも、火や道具の使用という習慣が長い時間をかけて人間のあいだに広まり、ついには自ら道具をつくり出すようになったというのは間違いのないところだ。

オランウータンを部屋に閉じ込め、天井からバナナをつるし、必死に飛び上がってもほんの少し届かないくらいの高さにしておく。何度か挑戦してオランウータンはついに諦めてしまう。だが、そこに棒を一本投げ入れると、しばら

人類の進化
猿人（およそ500万年前から130万年前）―原人（およそ220万年前から25万年前）―ホモ・サピエンス（現生人類）

くしてオランウータンは、この棒を使ってバナナをたたき落とすことを覚えるそうだ。そこで、バナナを棒が届かない高い位置に移動し踏み台を置いておくと、オランウータンはついに踏み台に乗って棒を使うようになるのだという。

このように、人間以外の動物でも道具を使う場合がある。しかし、自ら道具をつくり出すのは人間だけだ。蜂やクモは美しい巣をつくるが、単に本能に従った行動の結果であって、彼らの意志によるものではない。「モノつくり」に対して、何らかの意志を込めるのは人間だけなのだ。

太古の猿人と同様に現代のわれわれの肉体的強靱さなど、たかが知れたものである。ひとりの人間が素手で闘って勝てる動物なんてそれほどたくさんはいない。道具や機械に頼らない人間自身の肉体的能力などわずかなものである。それでも人間は、この先どうなるかは全く分からないが、今のところ地球を支配している。それは「知恵」を使い「道具」を使った結果に他ならない。

われわれは道具を使う世界に住み、道具を使う文化を共有している。太古の人類の祖先が初めて骨を手にし、長い年月を経て道具を使うことを覚えてきた。彼らは「道具を使おう」と思って道具を使い始めたのではなく、いつの間にかそれを使うようになっていたのであろう。そしてある時、彼らは意識してそれらを用いるようになった。河原で拾った石ころが「漬物石」という道具に変化するように、ただの棒きれや石ころに人の意志が込められて、はじめて道具が誕生するのである。

文明と文化

宮崎県に幸島という名前の島がある。干潮時には陸続きになることがあるくらい陸に近い小さな島だが、五〇年ほど前から京都大学の人類学研究所がこの島の日本猿の研究を続け、世界的大発見をした。

ある年に、サルが餌として何をどのように食べているのかを調査するために、たくさんのイモを置いた。イモはサルの大好物であるから彼らは喜んで食べる。そうはいっても、地面に直に置いてあったものは土やドロ、小石などがついていて食べにくい。いくらサルだってドロまみれのイモは嫌だったろう。

そのとき、一匹のメスザルが不思議なことをした。そばを流れる小川でイモを洗ったのである。おそらくは偶然の行動であり洗おうとしたのではないと思う。この出来事は、人類の祖先が道具として骨を手にしたときと同じくらい日本猿の進化にとっての大事件といえた。数年のうちに群れにはこの習慣が広まり、さらに驚くべきことに、多くのサルがイモを川の水ではなく海水に浸してから食べるようになっていた。砂やドロを洗い落とすというよりも、「塩味」をつけたほうがはるかにうまいからである。

こうしたサルたちの習慣を果たして「文化」と呼べるかというと、それはできない。サルたちはイモを海水に浸してから喰うという習慣を身につけただけで、その習慣が意味するところ、あるいは浸すことと塩味との因果関係について理解していないし、理解しようとも思っていない。ただこうした一連の行動をとると、イモがうまくなると覚えたに過ぎない。イモを洗うにしても、「洗うぞ」という気持ち、意志をもたずに単に習慣としてイモを水につけるのである。「文化」は、「習慣」の反復が定着し発展していくものなのだろうが、クモや蜂が本能によって美しい巣をつくること、あるいは幸島の日本猿のような習慣的行動の繰り返しからは生まれてこないものである。

「道具を使う文化」の「文化」について、よく「文明」と対比して、どう違うか論議される。「芸術」と「デザイン」、「道具」と「機械」もよく対比される。一般論として、「文化」は精神的なもので「文明」は物質的なものだとか、「文化」は地域的なもので「文明」は世界的なものだなどといわれているが、私も、自分なりに定義するなら、「文化は出来上がるもの」で「文明はつくり上げるもの」である。

デザインへの意志

美しい景色を眺めて「自然のデザインは素晴らしい」といい、ミツバチやクモの巣を見て「卓越した彼らのデザインに感動する」という人がいる。こうした気持ちはよく理解できるが、本当のところこれはおかしい。人が美しいと「思う」景色も、そう「思わない」景色も、景色であることに変わりはない。人が美しいと感じる景色は美しいのであるし、そう感じない景色は美しくないというだけのことである。ミツバチやクモは「さあ、これから巣をつくるぞ」と思って巣づくりをしたのではないはずであり、気がついたら、本当は気付いてはいないだろうが、素晴

クモの巣
朝霧に濡れているクモの巣、クモがつくった芸術か

らしい造形の巣が出来上がっていたというだけのことだ。誰かが「デザインしよう」と思って行った結果、出来上がるのは「デザインされたもの」といえるが、そういう気持ちなしでは「デザインされたもの」は出来上がらない。

実際のデザインの現場で一番始めに行われることは「スケッチ」でも「モデリング」でもない。それでは「コンセプトづくり」か、というと実はそうでもない。それはデザイナーが「これからデザインするぞ。モノつくりを始めるぞ」という気持ちになることである。こうしたことを、デザインの学生が行う課題でも、プロのデザイナーが行う実際の仕事でも、本人たちはそれほど意識していない。というより、仕事や課題は多くの場合、その内容については、有無をいわせずによそから与えられるものであるから、「さあやるぞ」という気持ちになって初めて人は行動を起こすものだ、ということが意識されにくいのだと思う。

人間の無意識の行動、例えばクシャミや咳、貧乏ゆすりなどを除外すると、そのほとんどはある意志にもとづくものである。一過性のものでなく、特にモノつくりのように、完了までにある程度の時間の経過が必要なものについては、例外なくそうであるといってよい。人は「何かをつくろう」と思って仕事に取り掛かるのであり、その何かを決定せずに

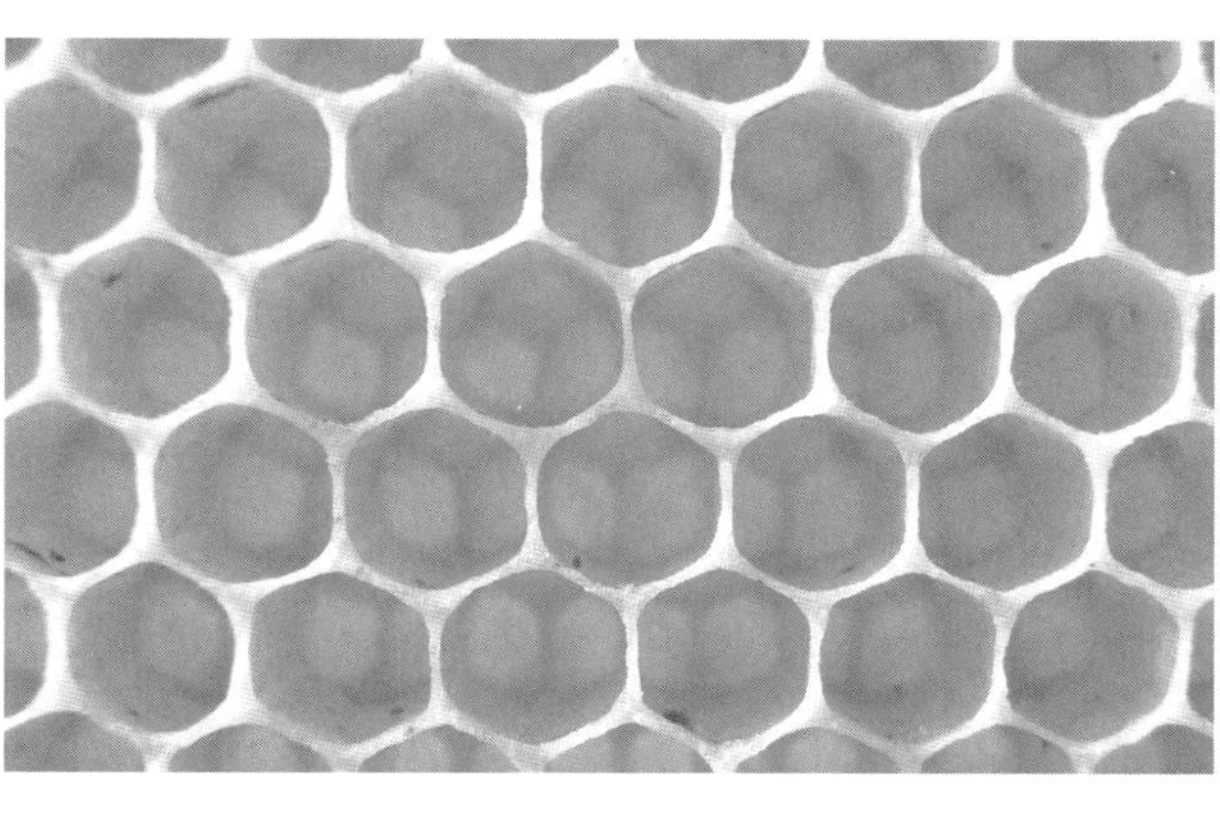

ミツバチの巣
強度計算されたような、完成されたハニカム構造を持つミツバチの巣

仕事を始めてしまい、ハッと気がついたらノコギリで材木を挽いていた、なんてことはあり得ない。漫然と仕事に取り掛かったとしても、途中でつくるものを決めない限り完成はしないのだ。

デザインを始めるに際して「さあやるぞ」と思った直後に、普通の人なら「何を、どんな風に」と考える。たまたまそう考えずに、「勢い」だけで取り掛かる人だっているかもしれないが、この場合も「何かつくるんだが、それが何かはまだ考えていない」と自覚しているはずだし、途中でそうした考えをまとめない限り完成することはできない。だから、「何をどんな風に」と考えることが、デザインの第一段階に他ならないのである。

デザインにまつわる一連の作業、「コンセプトメーク」「スケッチ」「モデリング」「ドローイング」のすべてに共通するのは、いずれもこれによってデザイナーがつくり出したいものが何であるかを、他の人に伝え理解してもらうための作業であるということだ。もし、デザイナーが自らつくり自ら使う気なら、これらの作業はまったく不要になるはずだ。

私がホンダに入社早々の頃から、本田宗一郎さんは口癖のように「知恵を出せ!」とおっしゃっていた。その頃のホンダは、オートバイの業界では世界一になっていたが自動車の世界では国内で一番の新参者、この業界でなんとかやっていこうと悪戦苦闘の最中であった。なにしろ自動車つくりは初めてであったから経験のある技術者がいない。莫大な資金が必要だがそれには限りがある、急いで開発しないと他のメーカーに後れをとってしまう。つまり、「人、金、時間」は全くのないないづくしであったわけだ。

自動車について経験不足のわれわれの「知識」はわずかなものであったが、唯一、他のメーカーと同じ土俵で勝負できるのが「知恵」だったのである。こうして必死に知恵を絞った「初代シビック」は世界中で大ヒットし、現在のホンダの基礎を築くこととなった。学生諸君は、大学で学ぶことによって多くの「知識」を身につけることができるが、「知恵」のほうは、自分で努力しない限り決して身につかない。「知識」は、自らの「発意」によって「知恵」になるわけだから、これはどんな優れた学校でも有能な教師でも、教えることができないものなのである。

世の中を変えるデザイン

世界をドラスティックに変革した人間の過去の創造物はたくさんある。「石器」がそうだし「車輪」もそうだが、これらをつくった人々が「石器」や「車輪」をデザインしたのかというとそうではない。先述のように、これらを「デザインしよう」とは思っていなかったからである。

「美しいもの」をつくるのがデザインの最終の目的ではない。「美しいもの」は、大昔からたくさんつくられてきた。古代の名工の手によるそれらは、今でも光り輝いて見えるし現代のわれわれを感動させる。しかしこれらがデザインされたものであるとはいえない。「優れたもの」であることに間違いはないが、人々の暮らしにどのような影響を与えるかを想定してつくられなかったからだ。

現代のデザインは、「モノ」と「人間」や「社会」とが密接に関係しているという前提で行われており、デザインされた「モノ」で、新たな社会を形成しよう、社会に何か影響を与えようとする意図がどこかに込められている。そのためには、人々に歓迎され受け入れられるものでなければならない。醜く質の悪いものではこうならないということだ。大量生産された製品は、発達した交通や流通のシステムによって世界中に運ばれ、さらにはさまざまなメディアによって新たな「モノ」は短時間で世界中に知られていく。しかし、昔はこうではなかったのだ。

昔の「モノ」は、日常の暮らしの中から生み出されるものであった。現代と同様にこれらが人々の暮らしを変え、さらに新たな「モノ」が生み出されるということが繰り返されてきたが、大量の生産システム、迅速な流通システムのどちらもが未発達であった昔、ある「モノ」が世の中の隅々に行きわたるには長い時間がかかったことだろう。こういう時代に、自分のつくり出すもので「世の中を変えてやろう」と思う人は現れない。あるいはいたのかもしれないが、手づくりの一個あるいは数個の「モノ」が、社会に影響を与えることはまず不可能であったろう。「モノ」と「社会」とが密接に関係していて、人の暮らしを介して互いに影響しあっているということが具体的に明らかになったのは、やはり産業革命がきっかけであった。

第3章 デザインと産業革命

Design and the Industrial Revolution

「手づくり」から「大量生産」へ

産業革命とは、世界経済の基礎が農業生産から工業製品の大量生産に移行することである。この言葉はマルクスも使っているが、学術用語として定着したのは、一九世紀末にケンブリッジ大学の教授であり社会改良家としても著名であったトインビーが講義の中で使ってからだ。この人は「歴史の研究」で日本でもよく知られているトインビーの叔父にあたる。彼は、一八世紀後半から一九世紀前半のイギリスにおける農村社会から、急激に資本主義的工業社会への大変貌を「革命」と表現したのだ。

時代の区分方法として今日もっとも一般的なのは、古代・中世・近代（モダン）である。それぞれの区切りをいつにするかについては諸説あるが、「デザイン」と「モノつくり」の視点からは「産業革命」を近代の始まりとして問題はなかろう。

「産業革命」推進の原動力となったのが蒸気機関だが、もちろんそればかりではない。ちょうどこの時期のイギリスで、産業革命についての社会的技術的素地が熟し、そこに蒸気機関が登場したということなのである。

例えば、現代のわれわれが当然のこととしている「規格」の考え方は、工業生産にとってこのうえなく重要な考え方であり、産業革命以前から少しずつ培われてきたものである。現代において、電球が切れた、電池がなくなったというときに、われわれは同じ規格の新しいものを買ってきて取り替えるだけのことである。自動車は数万点の部品で出来上がっているが、これらの多くは規格化された部品だから、ボルトやナット類、タイヤなどは、製造国やメーカーが違っても相互に付け替えることができる。

「規格化」という考え方がすでにあったとしても、その規格に合わせた「モノ」の大量生産は、産業革命によって初めて成し遂げられたといってよい。おそらく大昔から優れた職人がつくり上げたものを、他の人が真似てつくることで「規格」というものが世の中に広まっていったのであろうが、それだけではなく、文字や数字、測定法や工作技術の発達がなければ、規格化は不可能であったろう。

規格と互換性

一九世紀の半ば、ロンドンで第一回の万国博覧会が開催されることになった。明治維新直後の日本はもちろん、世界各国がいろいろな工業製品を競って出品し、工業化がようやく始まったアメリカも当然のごとく参加した。その中の小さなブースに、「ロビンス&ローレンス」というライフル銃のメーカーが出展していた。

あるイギリス人が展示してあるライフル銃の品質に感心したが、説明書にある「相互に部品の交換可能」という意味を理解しかねて説明員に質問した。説明員は説明の代わりに、六挺のライフル銃をばらばらに分解し部品をかき混ぜた後に再び六挺の銃を組み立てた。見物人は驚いたが、その中にいた一人の軍人は大変な衝撃を受けた。戦闘中に銃が故障してもこれだとすぐに修理できるからだ。この後、イギリスの兵器製造工場でも軍からの強い要望でこうした互換方式が採用されるようになったのである。

こうした話が伝えられていること自体が、その頃、最も工業化が進んでいたであろうイギリスにおいてすら、一定の規格による互換方式の製品は一般的ではなかったことを示している。

初期の量産システム、特にこうした部品の互換を目指した量産システムは、兵器の生産と大いに関連していた。構造が単純な当時の兵器は、工業化の初期段階の生産技術で充分対応できるものであったし、互換方式による量産効果が顕著に現れたからでもある。

アメリカでの銃器製造は、先のロビンス＆ローレンス社に限らず、多くのメーカーがこうした方式を採用していた。サミュエル・コルト社はリボルバー式のピストル一〇〇〇丁を分解し、無作為に集めた部品一式で、何の問題もなくオリジナルモデルが再現できたと宣伝していたそうである。ヨーロッパにおける銃も実用性と信頼性が重視されたのはもちろんであったが日常の必需品とはいえず、多くは美しい装飾が施された工芸品としての価値を見出されていたのである。一方、開拓時代のアメリカで銃は日常品であったから、その信頼性が大変に重視されていた。アメリカにおいては、こうした兵器の技術が南北戦争を経て、自転車、ミシン、自動車などの日用品の生産に繋がってゆき、二〇世紀になって大量生産・大量消費の社会が実現することになる。

現代においてもヨーロッパとアメリカの「製品（モノ）に対しての考え方」に違いが感じられるが、こうした出来事と無縁ではない。この典型的な例が「T型フォード」だが、これについての話は、もう少し後で詳しく説明することにしよう。

日本人の器用さ

「そろり新左衛門とんちばなし」という昔話がある。この人は秀吉に仕えた実在の人物であったらしく、「刀の鞘づくり」が仕事であった。彼のつくる鞘には、刀身が「そろり」と入り「ぴったり」納まると評判で、誰いうとなく「そろり新左衛門」という名前で呼ばれるようになった。「鞘」は「刀」に合わせてつくられるものだから、彼はこの合わせ方に秀でた技術の持ち主であったのだろう。こういう人が大勢いれば、「規格」など必要ないような気もするが、実際にそうはいかない。

室町時代の終わり頃（天文一二年／一五四三年）、種子島に中国船が漂着し、乗り合わせていたポルトガル人によって、初めて日本に火縄銃が伝えられた。たった二丁の銃を見本にたくさんのコピーがつくられた。日本の職人は優秀であったから、オリジナルと寸分違わぬ製品を短期間につくりあげたのである。大坂の堺や滋賀県の長浜市国友に多数の職人が集まり、多くの鉄砲が生産された。こうした職人たちはその後、特殊な技術の持ち主として「鉄砲鍛冶」と呼ばれるようになる。その彼らが非常に苦心したのが一本のボルトであった。日本で鉄砲伝来以前に「ネジ」が使われたという記録はないから、日本史上「ネジ」というものを知ったのは彼らが初めてのはずである。

薬莢を用いる現代の銃と違って昔の火縄銃は、銃口の反対側、つまり銃身の人間の側は、栓で閉じてあるのだ。銃口から火薬と弾を入れ、火縄で火薬に点火し爆発させ、銃口から弾を飛び出させる。このときの火薬が爆発して発生するガスの圧力は相当なものだから、ワインの瓶のようにただ突っ込んだだけの栓だとはずれて人の側に飛び出し危険きわまりない。だから栓ではなく、ボルトにして固く締め付けてあるのだが、これもやがては弛んだり衝撃で壊れたりする。

このボルトが規格化されていれば大変に便利だったであろうが、この時代はまだそうではなかった。ヨーロッパで「規格化」の芽は育ちつつあったが、それでも「ネジ」が規格化され量産されるようになったのは、やはり産業革命以降のことである。ボルト（尾栓）は、銃身の側に「現物合わせ」でぴったり合わせてある。これが壊れたときには、再びぴったり合うボルトを特別につくらなければならなかったのだ。

おそらくこのときに、ボルトつくりに苦労していた日本の「鉄砲鍛冶」たちは規格に合ったボルトを大量につくり、相互に流用しあえば非常に効率的であることに気付いていたはずである。しかしこの当時、規格化された部品を大量につくる技術はなかったし、そろり新左衛門のような優秀な職人が、現物合わせで器用にネジをつくったはずだから、同一規格でのネジの大量生産という考えに至らなかったのであろう。

欧米でネジの大量生産が始まるのは産業革命以降のことであるし、日本でこれが可能になるのは明治維新以降のことである。日本の文化は、「わび」「さび」「もののあはれ」などを大切にするから、「規格」のような、ある意味では不器用で杓子定規な厳格さを重視する事柄に馴染まない文化なのかもしれない。

蒸気機関の誕生

一七世紀に石炭コークスを使った製鉄法が開発され、イギリスの製鉄産業が盛んになった。製鉄業と石炭鉱業の切っても切り離せない関係は、産業革命の初期からのことである。

製鉄が盛んになるということは、炭坑では石炭、鉱山では鉄鉱石が盛んに掘られることで、こうした鉱山で地下深く掘ると空気は薄くなり気温も上がる。さらに大量の地下水が湧き出る。作業員の安全のために絶えず新鮮な空気を送り込み、地下水を汲み出さなければ掘り続けることができない。一七八五年に、製鉄所でのコークス燃焼のための送風機にジェームス・ワットが発明した蒸気機関が採用され、さらに炭坑では坑内への送風にも活用された。

また、それまでにも坑内からの排水のために、大気圧や蒸気圧を利用したさまざまな排水ポンプが考案されていたが、これにワットの蒸気機関を組み合わせると飛び抜けた高性能を示した。さらに彼の蒸気機関は「クランク装置」と組み合わされ画期的な動力源としてさまざまな工場で使われることとなった。産業革命にワットの蒸気機関は大きく貢献したのである。

しかし仮に同じ時期に、日本で蒸気機関を発明した人がいたとしても、日本に産業革命が起こることはなかったであろう。その頃の日本とヨーロッパとの社会基盤と背景はまったく異なるものであったし、さらに技術に対する日本人と欧州人との意識の違いも、大いに関係していたに相違ない。

・消費者の起こり

産業革命から時代を遡った一五世紀頃から、ヨーロッパでは毛織物の需要が増え羊毛の価格が高騰した。イギリスでは土地を耕作して農業を行うよりも、牧羊を行ったほうがはるかに多くの収益が見込めるようになる。

その結果、地主であった領主や貴族が、それまで小作人たちに認めていた領地内での耕作を認めず、さらに畑に柵を設けて牧草地とすることで彼らを排除した。これがエンクロージャー（囲い込み）である。現代では考えられないことであるが、何の保証もなく農地から閉め出された運の悪い農民たちは、他の職業を探すため、あるいは物乞いをするために都市に出て行かざるを得なくなった。

農村で生活できなくなった人たちが職を求めて都会に集まり、そうした労働力が製鉄工業、織物工業、炭坑などに供給されることになる。このとき以前の農村では、ほぼ自給自足的な経済活動しか行われていなかったが、これ以後、自分の労働を金に換え、その金で生活財を購入して暮らすライフスタイルが都市では一般的になってきた。つまり現代におけるわれわれの生活形態の始まりである。自分で育てた作物を自分で食べて残りは売るという形が、工場労働によって製品をつくり、そうして得た賃金で、その製品を購入するという形に変わったのだ。現代ではこういう人たちを「消費者」と呼んでいる。

ウィリアム・モリスと美術工芸運動

・粗悪な機械製品との闘い

工芸家であり社会運動家でもあったウィリアム・モリスは一八三四年、英国エセックス州の富裕な実業家の家に生まれた。互換性の項で触れた一八五一年のロンドン万国博覧会は、彼の少年時代に開催されたものである。

そこには大量生産による多くの製品が出展されたが、それらの製品は本来の機能が発揮できないほど役立たずのものであり、さらには醜い形をしていた。それは当時の設計者や製作者が、機械生産という画期的な技術をどのように用いるか、あるいはそのための新しい造形がどうあるべきか、といった課題を解決できなかった、あるいはそうした課題に気付かなかったのかもしれない。さらには、肝心な新技術自体がまだまだ未熟であったとも言えよう。

その後こうした製品が世の中に溢れるが、工芸家として活躍するようになっていたモリスは、これらの粗末な仕上がりに憤った。そして「機械でつくられたものはすべて粗悪品である。機械に頼らず手づくりされたものでなければ優れた製品とはいえない」、さらにその当時の芸術のあり方にも反発し、「真の芸術は、人々の手によって、人々のために完成され、作り手と受け手の双方に喜びを与えるものである」と主張したのである。

モリスの考えに同調する作家が手づくりで仕上げた様々な製品は、確かに優れた美しいものであったが、庶民が手に入れるには如何せん高価過ぎた。美術工芸運動の趣旨とそれによって救われるべき人々の現実の暮らしとの乖離は解消されず、モリスの考えが実現されることはなかったし、運動自体も腰砕けとなった。

現代では製品の機械生産は普通であるし、そうしてつくられたものがすべて粗悪品であるとはいえない。仮に粗悪品があったとしても、その原因が機械生産そのものにあるのではないことは明白である。だが一九世紀の後半に機械生産されたいろいろな製品の低い品質と醜い外観は、それ以前の手づくりによる製品の外観や構造、作り方をそのまま未熟な機械生産に置き換えたことが原因であった。しかし、一般庶民も金さえあればさまざまなモノを手に入れられるようになり、それが粗末な製品であったとしても、初めてこれらを手に入れた人々は、それなりに満足していたのであろう。

ビクトリア女王の統治下、急速な工業化によって史上空前の国力を蓄えた大英帝国にあって、モリスの考え方はその当時ですら少々時代遅れとされた。彼の主張に、このような状況にあってはすんなりと受け入れられるものではなかったのである。仕方のないことだが、そのときに未熟ではあっても、機械による生産が、どれほどの可能性を秘めているのかを彼が看破できなかったこと、また手工業生産と機械生産のそれぞれを同じレベルで論じてしまったことに無理があったと思われる。

・活かせなかった新素材・新技術

英国議会の議事堂や時計塔（ビッグベン）などは堂々たる立派な建物である。だが、これらは、一五〇年ほど前に完成されたものとはとても思えないほど「古く」感じられる。同じ頃、ロンドン万博の展示場（パビリオン）として有名なクリスタルパレスが建設された。産業革命の成果として大量生産されるようになった鉄骨とガラスを組み合わせて建てられたパビリオンである。明るく開放的で、巨大な空間は新技術と新素材による素晴らしき未来を暗示させるに充分であった。

しかし、こうした新技術や新素材を用いた一九世紀のイギリスの建築物は、もちろんこれだけではない。鉄骨を多用した建造物は他にもあったが、そうした建造物がクリスタルパレスのように、鉄骨構造の特性を活かしたスタイルをしていたかというとそうではなかった。鉄骨による新しい構造を採用しながら外壁は古い様式で飾り立て、それもひとつの建物にさまざまな様式が混在する、といった混乱が目立ったのである。

それは、当時の建築家が新技術新素材を用いて積極的にクラシックなスタイルを表現しようとしたのではなく、新技術や新素材に対する理解に乏しく、それらの特性を活かした新しいスタイルを提案できなかったというのが本当である。クリスタルパレスを設計したのは、パクストンという造園家・構造技術者であり、建築家ではない。古典的様式の再現にとらわれず、というよりもそうした知識に無縁であったからこそ、大胆に新技術や新素材を採り入れる発想が生まれたのであろう。

・モリスと本田宗一郎

芸術家、デザイナー、エンジニアそして職人もそうだが、何かをつくり出すことを目的として生きている人たちに共通な気質がある。自己の全知全能を傾けてつくり出すものはかくあるべし、という「こだわり」がそれだ。

三〇年ほど前、ホンダがＣＶＣＣエンジンの開発に着手した折りに、本田宗一郎が「このエンジンで成功することは、業界で認められるための千載一週のチャンスである」と語ったと、多くの本で紹介されている。企業経営者として当然の気持ちであったろうし、自動車業界で最後発メーカーであり、さまざまな事情から苦しい経営を余儀なくされていた当時、本田社長のこの言葉はまさに本音だったのであろう。

だが、それがすべてであるかというと決してそうではない。世の中の役に立つことが技術者の務めであるのに、反対に汚れた排気を世間にまき散らすという体たらくであった。機械でつくられた粗末な製品に怒ったモリス同様に、本田宗一郎はそれに我慢がならなかったのだと容易に想像できる。

もっとも本田宗一郎と異なり、モリス自身は富裕な家に生まれ裕福に暮らしていたから、たとえ醜く粗悪な製品であっても、それらを生まれて初めて自分のものとして所有できる庶民の喜びは理解できなかったのかもしれない。この点で本田宗一郎とは対照的である。彼は常に大衆の視線で「モノ」と接していた。大所高所に立つ視点を採らなかった、というよりもそうしたことを得手としなかったのだろう。

モリスの考えと美術工芸運動が評価されるのに、世界で初めて「モノ」によって社会改革を行おうとしたことにある。彼は、理想的な社会には機械で生産された粗悪な製品は馴染まないと考え、大量生産や産業社会の実現に否定的であった。だが、「手づくり」の優れた製品によって実現されるべき豊かな社会は、皮肉なことに、機械による大量生産によってのみ実現可能なものであった。さまざまな矛盾を含んではいたが、産業社会におけるモノづくりの新しい概念としてのデザインの誕生を史上初めて示唆したのが美術工芸運動であり、その先駆けとなったのがウィリアム・モリスなのである。

バウハウスの果たした役割

・「バウハウス」という名前

第一次大戦の敗北によりドイツ帝国が崩壊し、ドイツ国内は政治的経済的に混乱の極みにあった。このときのインフレはすさまじく、石鹸一個を買うのに荷車一杯の札が必要なほどであったと伝えられている。とはいうものの、それまでの重苦しい雰囲気が一時消えて、自由主義的雰囲気に満たされていた。社会民主主義によるドイツ共和国が誕生し、ワイマールに政府を置いたから、この国をワイマール共和国と呼ぶこともある。しかしドイツ国内は、新政府に反対する旧体制の力が強く、この国の前途は決して安定したものとはいえなかった。

「バウハウス」は、ドイツ共和国の誕生と同じ一九一九年の春、チューリンゲン州ワイマール市に設立されたが、もともとは、ワイマールにあった公立の工芸学校と技術学校が統合されたものである。正式な名称は「ワイマール国立バウハウス」。バウハウスの「バウ」はドイツ語で「建築」を意味するが、同時に「タネをまく」「育てる」という意味ももつ。初代の校長、W・グロピウスが命名したものといわれているが、なかなか味のある名前である。

ウィリアム・モリスのアート・アンド・クラフト運動の精神を引き継ぎ、それを学校教育の場を通したデザイン運動として、社会にさまざまな提案をしたという点で、「バウハウス」の存在は、単なる美術学校という意味を超えて特別のものがあった。それまでの「芸術」は「それが如何にあるべきか」のみを考え、社会との関係については一切無頓着であったし、そうすることが「芸術であることの証」という考え方すらあったほどである。さらに、明らかに「芸術」に属する「美術」に対して、「技術」と結びついた「工芸」はそれより一段、格が低いものとされていた。この頃はまだ「デザイン」という言葉も考え方もなく、「芸術」と「技術」が結びついたものが何であるかを定義できなかったのである。

バウハウスの理念は、芸術は社会の要求に応えるべきであり、「美術」や「工芸」を区別するべきではないとし、またさらにその考え方をすすめ、産業界の「モノつくり」についても積極的に対応して、人が創り出す「モノ」の美しさと機能とを同時に満たそうとするものであった。「モノつくり」の考え方としてこれは画

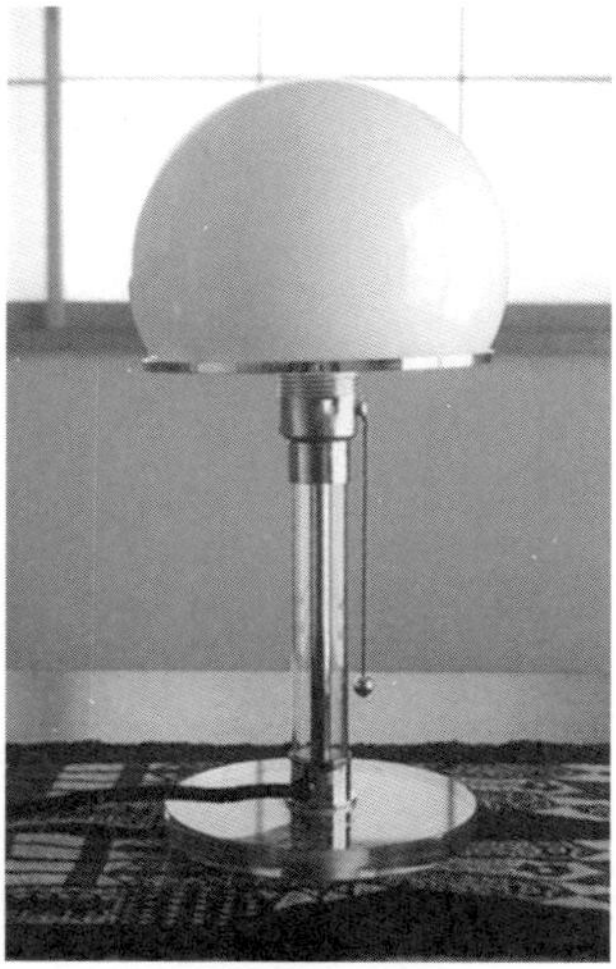

テーブルランプ
「造形芸術学校」バウハウスでデザインされたテーブルランプ

期的であり、機械生産を真っ向から否定したモリスの運動に欠けていた部分を補う考え方である。

先に述べたように、今のデザインは決して「芸術」そのものではない。しかし、かなり「芸術（美術）」に近いものであるのは事実である。そうした点で「バウハウス」の理念は、現代のデザインの基本的概念そのものといえた。はじめて、「芸術」と「技術」と「社会」との関係に着目し、それを教育の場で実践し、現代デザインの基本の考え方を示した点でバウハウスが評価されている。

・建築家グロピウス

著名な建築家であったグロピウスは、当時のインテリの常として、社会主義的行動や言動が目立った人であり、後にナチズムが盛んになるドイツの風潮と相容れないものだった。さらにバウハウスに各界から招かれた教授陣も、こうした傾向にあった人々が多く、講義の内容が「社会と芸術、技術との関係」を重視したから、ナチズムを信奉する勢力から敵視されるのは当然だったのである。

ワイマール市当局がウィーンから招聘したグロピウスが、建築家であったことはおそらく偶然であったろう。しかしバウハウスでの「モノつくり」教育に対して、建築家の思考方法や仕事の進め方が影響を与えたであろうことが想像できる。「モノつくり」を、一人の職人が自らの裁量で進めていた時代にあってさえ、建築は大勢の人々が一定の計画に基づき、あらかじめ決められた日程や作業手順に沿って仕事を進め目標の建物を完成する、という方法がとられていた。ピラミッドにしろ、大仏殿にしろ、こうしたやり方でなければ完成させることはできなかったのだ。製品の大量生産も同様であり、デザインという言葉に、「計画」「企画」という意味が含まれていることを併せて考えると大変に興味深い。

設立当初のバウハウスの特色は、まず学生に機械的な生産よりも「職人的技術」の習得を奨励し、教授である「造形マイスター」と「技術マイスター」が協力して、家具、金工、陶器、ステンドグラス、壁画などの工房を運営した。「教師と学生」の関係ではなく、「親方（マイスター）と弟子」という関係をもとに教育を進めようとしたのである。教師は机上の知識を教えるのみならず、自らの知識に見合った技能を伝えなければならなかった。創立者グロピウスは、理論が先走り一般社会の中でバウハウスが孤立することを恐れたのである。そのために産業界との良好な関係を保つこと、さらに、学校で新しい製品を開発して生産販売し運営資金に充てるという活動が行われた。だが、これらだけでバウハウスの運営資金を賄えるはずはなく、やはりワイマール市の財政援助で成り立っていた。

ドイツ中で極右勢力が力を増し、ワイマール市議会もこうした政党に牛耳られるようになると、社会主義者であったグロピウスとその考えに同調する教授陣、さらに「モノと社会との関係」を見直すといったバウハウスの理念を、こうした勢力が面白く思わないのは当然である。一九二五年、ワイマール市議会はバウハウスへの財政援助の停止と全教授の解雇を決議し、バウハウスは閉鎖された。しかし、その理念に同調していたデッサウ市長に招かれ、その年の秋に同地へ移転する。現在、保存されている校舎はこのときのものである。

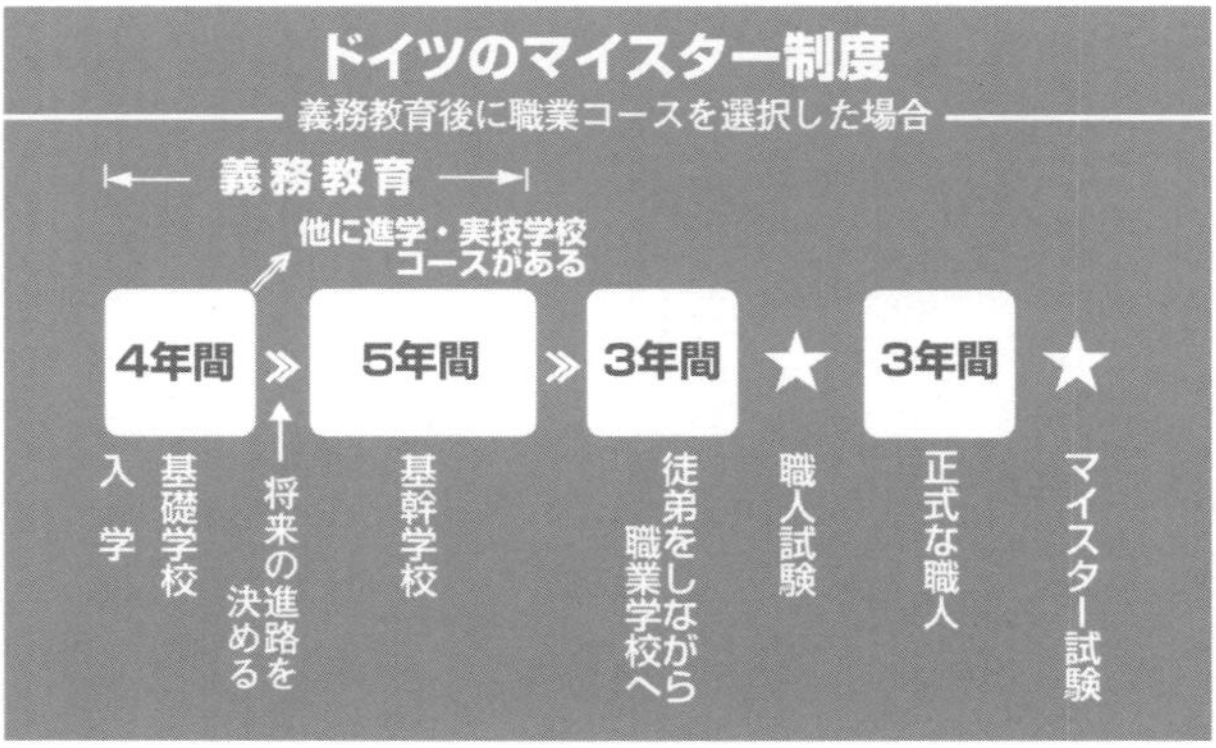

しかし、デッサウに移転したバウハウスも七年後の一九三二年、ナチの弾圧によって閉鎖解体され、一四年間の歴史を終えることになり、グロピウスをはじめ多くの教授陣は亡命を余儀なくされた。ナチ政権が誕生しワイマール共和国が消滅した時期とバウハウスの解体はほぼ同時だから、この一四年間のそれぞれの歩みはそのまま重なっている。バウハウスの教授だった建築家モホリ・ナギはアメリカに亡命し、一九三七年、シカゴに「ニュー・バウハウス」（後にインスティテュート・オブ・デザインと改称）を設立し、その後のアメリカでのデザイン教育の中心となっていく。また第二次大戦後の一九五五年に当時の西ドイツ、ウルム市にバウハウスの精神に基づき「ウルム造形大学」が創立され、一九六九年に閉校されるまでに多くのデザイナーを送り出した。

このように、バウハウスは学校としてたった一四年間しか存在しなかったが、その後の世界のデザインに大きな影響を及ぼしたのである。

第4章

デザインを考える

Further consideration of design

「芸術家に新しいデザインはできない」

仕事でも、そうでない場合でも、いろんな人たちに会っていろんな話をするのは楽しいものだ。そういうときに、私の仕事はデザインですというと、「ああ、芸術家なんですね」と言われることがしばしばある。その場で訂正することはないが、私が「自分は芸術家である」と思ったことはないし、「デザインが芸術である」と思ったこともない。

三〇歳を少し過ぎた頃であったが、ちょうど最初のシビックが成功し、自分でも有頂天になっていたときのこと、本田宗一郎さんに「芸術家に新しいデザインなんかできやしないよ」と言われたことがある。この少し前まで、ホンダの四輪部門は低迷を続け、経営陣は四輪から撤退して二輪に主体を移そうとまでしていたという。シビックの成功は、まさに九回裏の逆転満塁ホームランのようなものであった。会社中が浮かれていたし、もちろんデザイン担当の私

初代シビック（1972年）
あらゆる人々のクルマ、世界市民のベイシック・カーという意味で名づけられた

だって得意満面だったのである。そういうときの本田さんの一言は、「冷水を頭から……」のたとえのとおりで、本当にこたえたものだった。

初代のシビックは、無駄な飾りを捨て実用に徹したシンプルなデザインの良さが認められ、多くの人々に支持されたが、その外観はといえば「ずんぐりむっくり」とした車で、お世辞にもスタイリッシュだとはいえない。私も若かったし、次の車はやはり流麗なスタイルにしたいと、気分のおもむくまま「格好よい車」の絵を毎日描きまくっていた。そこに先ほどの本田さんの一言である。自分がこの歳になったから分かるが、本田さんから見て、たしかにその頃の私は、鼻持ちならない芸術家気取りの嫌味な若造であったに違いない。

本田宗一郎さんは優れた技術者であったが、稀有な才能をもつ「デザイナー」でもあったと私は思っている。特別にデザインを学んだわけではないと聞くが、「世の中の動き」「人々の好み」などについて、天才的デザイナーのような閃きを働かせることができた方であった。

私は、芸術家にだってデザインはできると思うし、その反対だって可能であると思う。問題は、「芸術」「デザイン」のそれぞれに徹しようとすれば、つくる対象は同じようでも、「やり方」「考え方」が全く異なるということである。だから「芸術家に新しいデザインなんかできやしないよ」というのは、芸術とデザインの違いについての本田さん流の表現であり、有頂天の私を諌めるためのものでもあったのだと思っている。

「ひとつ」か「たくさん」か

「芸術」と「デザイン」は全く違うものだが、それでもデザインは、絵を描いたり立体をつくったりするから、「美術」にかなり近いものであるのは確かだ。その違いについて、先ほど少し触れたが、大雑把にいうと、「ひとつ」つくるか「たくさん」つくるかの違いといえるだろう。これでは「なんといいかげんな説明であろうか」と呆れられてしまうかもしれないが、間違いではない。

コップを例にして説明しよう。芸術家の作品としてのコップと工業製品としてのコップは、「モノ」としては全く同じ場合があり得る。またその製作に懸命に打ち込んだという点で、芸術家もデザイナーも変わりはない。だが、芸術家は、作品であるコップをつくること自体よりも、それを通じて何事かを表現することを目的としている。だからこの場合、作品が「コップ」でなければならない必然性はそれほど高くはない。目的が達成できれば「茶碗」であってもかまわないのである。デザインの場合も、「思い入れ」が強いデザイナーは、コップになんとか自分の思いを表そうとすることがないとはいえない。

そういうデザイナーがいたって一向に構わないが、途中で「自分の想いを表すには、コップより茶碗のほうが都合よい」に変わってしまうと「デザイン」にはならない。「自分の想い」を優先するのは困るのである。「茶碗」なら、「コップ」の代わりにならないこともないからまだしも、「箸」になってしまうと話にならない。デザインには、目的とする「モノ」のもつ「本来の機能」が重要であるということだ。三〇年ほど前のことであるが、岡本太郎氏が「座ることを拒否する椅子」という題の作品を発表した。物質文明に対するアンチテーゼとして製作されたのだそうだが、デザインでこれをやるわけにはいかない。

芸術においては、作品そのものよりも、それに込める作家の考えや精神が優先される。その表現のためには一切妥協しないし、してはいけない。作品は表現するための媒体に過ぎないのだ。一方デザインの場合は、あくまでも対象となる製品が最優先となり、しかも機械で大量生産し大量販売するには多くの制限が伴うから、デザイナーはしばしば妥協を強いられる。気分のおもむくまま、自分の思うとおりにデザインするなんてことはできない。こういった意味で、本田さんがおっしゃったとおり、「芸術家に新しいデザインはできない」といえるだろう。「俺は一切妥協せずにデザインした。だから素晴らしいデザインができた」などということはあり得ないのである。

長年、車のデザイナーとして、あるいは開発のまとめ役として仕事をしてきたが、すべて自分のやりたいようにできたクルマなど一台もない。必ずどこかで何らかの妥協をしていたわけである。デザイナーの仕事というのは、自分が最もよいと思う考えを主張し表現しなければならないのだが、経験のあるデザイナーは、「すべてが通ればいうことはないが、ここまでだったら譲ってもよい」という妥協点を必ずもっているものだ。

自動車のような複雑な商品は、多くの人によるチームワークでつくられる。それぞれの人がそれぞれの立場を主張しはじめたら収拾がつかなくなり、結局、よいものはできない。チームのリーダーの主な仕事というのは、それぞれの人が許容できる最大の妥協点を見つけて組み合わせ、最終製品の価値を最大にすることにある。私は、現役時代にはこういう話は決してしなかった、というかするべきでないと思っていたくらいだ。「妥協せずにアイディアを絞り抜き、自分が最もよいと思うことを主張せよ」と檄をとばしていた。

ただ現実には、デザイン的な芸術や芸術的なデザイン作品もあり、これらの境界はかなり曖昧である。特に現代芸術にはこの傾向が強い。だから、「芸術」と「デザイン」の違いを「モノ（作品）」の出来上がり方の違いで、単純化していうなら、先に述べた「ひとつ（数個）つくるか」「コピーを大量生産するか」の違いということになる、と私は考えている。

もうひとつ。芸術作品は、それと作家との関係がすべてであり、作品と作家だけで完結するものである。絵画でいえば鑑賞する人、音楽でいえば聴衆、つまりわれわれのような作品や作家のファンのことで、こういう人たちが「芸術を支えている」といわれているが、極端にいうと、芸術にとって必ずしも必要ではない。絵が売れなかったり演奏会に人がこなかったりすると、芸術家の生活が成り立たなくなるわけだが、それと「作品」の芸術的価値とは無関係である。

生きているときは誰にも認められなかった芸術家は山ほどいたし、今だってたくさんいるに違いない。しかしデザインされた製品はその時代の、世のため人のために役立たなければならない。よい「モノ」として、世の中の人々に認められ使われなければ意味がないのである。

私の「デザイン三要素」

・普遍性

私は三〇代後半、苦しい創造活動の中で、「デザインすること」「デザインされたモノ」それぞれには、三つの要素が備わっていなければならないとの考えに至った。その三つとは、「普遍性」「先進性」「奉仕性」である。

「普遍性」とは、「モノ」がそのものであるための普遍的特性のことである。つまり、「コップ」はコップのようでなければならないし、「冷蔵庫」は冷蔵庫のようでなければならない。この「～のようでなければ」の部分が重要である。誰かが冷蔵庫を指さして「これはコップだ」といっても、誰も相手にしない。彼らが「コップ」を知らない人たちならともかく、それを知っていたなら、初めて見る物体（冷蔵庫）が「コップ」ではないことだけは分かる。その特徴から、「冷蔵庫」は明らかに「コップ」ではないと感じるからだ。つまり、「コップ」をよく知っている人も、見たことがあるといった程度の人であっても、「コップ」がコップであるための特徴をほぼ理解している。だから、材質がガラスであろうが、紙であろうが、アルミであろうが、人々はそれが「コップ」であると認識する。

かなり荒っぽい説明で申し訳ないが、これが「モノ」のもつ「普遍性」のひとつである。デザインは、この「普遍性」を阻害してはならないし、これを際立たせるものでなければならない。過剰な装飾が、「モノ」本来の良さや機能をダメにするなどということはよくあることだ。

「それでは、新しい形態やアイディアは生まれないのではなかろうか。世界中が、見るからにそれらしい保守的なコップだらけになるのでは？」という疑問をもつ人が現れても不思議ではない。われわれは「コップ」と名付けられた道具に特定の形のイメージを結びつけているが、この範囲でのみ考えるなら疑問はもっともである。しかし、水を飲む方法はコップを使うだけではない。ストローを使ったってよいし、水道の蛇口から直接飲むことだってできるはずだ。「コップ」を「水を飲むための道具」と考えるなら、それが現在の「コップ」のような形をしていなければならない理由はない。既成概念にとらわれない新しい発想というのは、こういうことだと思う。どんな製品のデザインでも、「そのあるべき姿」といった意味での「普遍性」は必ず問題にされる。

ここまでは、モノの機能に関わる「普遍性」であるが、モノの特性や属性という点での「普遍性」もある。

今、女子高校生の間でディズニーの「くまのプーさん」が大人気だそうだ。「キティちゃん」や「スヌーピー」も同様である。こういうキャラクターは子供から大人まで、「可愛らしい」と人気があり、一方、映画の「エイリアン」、古くは「ドラキュラ」や「四谷怪談のお岩さん」などは見るからに恐ろしげで不気味だ。「プーさん」を不気味だとか、「エイリアン」を可愛いとかいう人は希で、世の中の大多数の人はそうは感じないはずである。可愛らしいほうも不気味なほうも、どちらも架空のものだから、誰かがデザインしたものに違いない。

そうすると、この世には大多数の人々が感じる「普遍的可愛らしさ」とか、「普遍的不気味さ」が存在することになる。同様に「重そう」「軽そう」、「熱そう」「冷たそう」、果ては「うまそう」「まずそう」などの「モノ」に関わる普遍的特性の現れ方があってもおかしくない。先ほど「コップ」と「冷蔵庫」を例に説明したのは形状や機能に関する普遍性についてだが、こちらのほうは、文化や国籍の違いを超えて、何世代にもわたって人間が身につけてきた感覚にもとづく普遍性である。こういう人類共通の感覚の普遍性を前提にして、デザイナーの仕事が進められている。おそらくデザインというのは、「普遍的カッコ良さ」を探し求める仕事なのであろう。

・先進性

「先進性」は、「時代性」といったほうがよいかもしれない。デザインには絶対的評価基準がないといえる。デザインの「良し」「悪し」の評価は、時代あるいは国や地域によって異なり、数学や物理のような「正解」は存在しない。すべてが、その時代に生きる人々が「どう感じるか」で決定されるのだ。「普遍性」を際立たせることと「時代性」を重視することとは一見矛盾しているが、「普遍性」は「モノ」の本来の特性、「時代性」は「モノ」に与えるさまざまな「価値」という意味である、と考えれば納得がいく。

「モノ」は、存在する時代や文化の違いによってさまざまな捉えられ方をする。「普遍性」は「モノ」本来の特性のことだが、それを受け止める人間の側の評価規準は決して普遍的ではない。その時代ごとの文化のあり方に左右されるものである。「評価規準」や「時代の文化」では言葉が硬すぎるから、もっと柔らかく「好み」や「流行」といったほうが妥当であろう。それらは、できるだけ新しいことが要求されるうえに、どんなにその時代の最先端の流行を取り入れていても、人々に古くさいと感じられたらそれまでである。私は現役時代、「デザイナー殺すにゃ刃物はいらぬ、古いと一言いえばよい」という替え歌ならぬ「替え都々逸」をうなっていたくらいだ。

それではなぜ、「新しいこと」がよいとされるのだろうか。「デザイン」は、まず人々の好みを反映しなければならない。それが存在する時代に合っていなければならないということである。そうしたものが評価されるのは当然であるが、「時代」は一瞬も止まらず移り変わっていくから、「現在」だけに合わせようとしてつくられたものは、出来上がった瞬間に過去のものになる。たった今、「時代に合ったよいモノ」として人々から高い評価を得た製品も、一瞬の後には色あせて古くなってしまう。これが「デザインされたモノ」の宿命である。たとえ機能的な「普遍性」を備えていたとしても、「時代性」「先進性」の部分で「価値ある骨董品」になってしまうのだ。色あせるのを少しでも先に延ばしたければ、「今の時代」に合わせるだけでなく、「先の時代」にも合わせるしかない、ということになる。

「先の時代」がどうなのかは誰にも分からない。デザイナーはその人なりに考えて先の時代がどんなものか推測し、製品を通じてそれを「感じ」させようとするのである。「先進性」の意味はこういうことであり、目指しているのは未来である。

デザインの場合、過去の「モノ」そのものを積極的に再現しようということは決してない。モノが光り輝く存在であるためには、その時代と社会とに適合していなければならないから、それが如何に優れたモノであったとしても、過去のモノを現代に再現しても骨董品としての価値しか認められない。

過去に学んで先進的なものを創り出す、というのは過去のスタイルを踏襲し現代風に処理する、あるいは今様の味付けをする、という意味であり、ひと頃流行した「レトロ調」がこれに当たる。

不易流行

過去の様式やスタイルを踏襲することと、「古い」ということは違う。もし、それが「古い」ということになると、家元制度にもとづくさまざまな伝統芸能や、クラシック音楽などはみんな「古い」駄目なものということになってしまう。現実に、そんなことは決してありえない。演じるのは現代の別の人間なのだから、家元の芸に限りなく近づくことはできても、それを完璧に模倣し再現することなどできない。「本日只今」に生きる人間が懸命に演じるなら、芸には、その人なりの特徴や時代の背景が表現されるものである。だからこそ、そうした芸が多くの人を感動させ支持され続けるのだろう。

昔、松尾芭蕉は俳諧の道、つまり「風雅の誠」は「不易流行」にあると説いた。「不易」は永遠性、「流行」は流動性のことであり、俳諧の奥義は、「永遠に変わらぬこと」を「時代に即して、さまざまに表すこと」で極められる、といったような意味である。

・奉仕性

「奉仕性」という言い方は、少し分かりにくいかもしれない。デザインについて一般にいわれている「有用性」のほうが分かりやすいはずだが、私があえて「奉仕性」というのには理由がある。それは「モノが有用であること」、また「有用なモノをデザインすること」の目的をはっきりさせたいからだ。デザインされた「モノ」が有用であるのは当たり前である。ただし、その「有用性」は「モノ」に潜在する能力として埋もれてしまってはいけないし、人間に害になるものであってもならない。人間の豊かで文化的な暮らしに奉仕できるものでなければならないということである。

「包丁」の有用性を疑う人はいない。ただし、これは使い方によっては凶器になる。このこと自体が「包丁」の有用性を損なうことにはならないが、凶器にならなければもっとよいと誰しも思う。また、自動車は大変に便利な道具であるが、公害や事故の元凶ともいわれている。凶器としての「包丁」も、事故の元凶としての「自動車」も、単にそれらのもつ本来の機能を発揮しているに過ぎない。しかし、これでは人間に奉仕していることにはならないのだ。

私は、この世の中に存在する道具は、すべて人間の役に立つものであるべきである、と強く思う。本来、役に立たない道具を人間が使うはずはないが、実際はそうでもなさそうである。道具は、人がそれに愛着を感じ、さらに大事にしたいという気持ちを抱かせるようなものであって欲しい。だが、道具を使わずに、道具に使われている人間は決して少なくない。かくいう私だって、身の廻りを見渡すと本当に必要かどうか分からないたくさんのものに囲まれて暮らしているし、他の人々も同じではなかろうかと思う。

そのことがまずいのではなく、それで気分よく心豊かになれるなら少しも構わないが、「モノつくり」あるいは「デザイン」とは、と考えだすと、少し引っかかってくるのだ。人間が奉仕しなければならないような「モノ」をデザインしてはならない。本当に必要な「モノ」の機能のポジティブな部分を拡大し、ネガティブな部分は、できるかぎり押さえ込むことが大事なのである。

意思（意志）・意向・意匠・意表

先にも述べたとおり、「デザイン」（design）は、「計画」や「意匠」と訳されているが、私には「意表」という言い方が好ましい。「意」はいうまでもなく「心」のことで、それを人は言葉や文字や、時には絵に描いたりひな形をつくったりと、様々な形で「表」現するのである。これらの方法自体がデザインと呼ばれているし、こうした方法が行われた結果も「デザイン」と呼ばれている。私が好む「意表」とは、個々の意思（意志）の方向を定めて技術（匠）を極め、表現することである。

中国に「文質彬々《ぶんしつひんぴん》」という言葉がある。「文」とは「文字」や「文様」のように、人が目に見えるかたちで表したもののことであり、「質」とは「気持ち」や「気質」のごとく、かたちに表せないものを意味している。「彬々」とは「同じ」ということである。つまり、「文」と「質」、目に「見えるもの」と「見えないもの」が、「同じ」であることが大切であり、そうした状態が理想であることを表した言葉である。状況が理想的であるなら、「おもい」が高ければ高いほど、出来上がる結果の価値が高い

ということになるし、それが低ければ、現れる結果もレベルが低いということである。

一〇年余り前になるが、バブル経済が崩壊して日本全体が景気低迷に陥り、私自身も企業の商品担当役員として、売れる商品つくりに思い悩んでいた時、社長が私に「『おもう』というのは『想う』と書くよね。これは高い木の上で遠くを見ることなんだよ」と言われた。一瞬何のことかと思ったが、すぐにその意味が分かった。目先の対応に追われ、急いで結果を出すことのみを期待した姑息な手段に頼っていた私自身を見透かされていたのである。

その時の私の「おもい」は、「思」いであった。やはり、モノをつくって人に喜んでもらうための「おもい」は、もっと志の高い「想」いでなければならない。

「想像」とは、在りたい姿を脳裏に想い描くことである。それを言葉に置き換えたり、絵に描いたり、形にして表現することを技術と言い、それに秀でている人を匠と呼ぶ。「匠」は、現在では芸能や演芸の世界で「師匠」として使われることが多いが、もともとは平安時代の寺院や寝殿などの建造に携わる責任者に授けられた称号であった。先述の「想い」を、全知全能を傾けて形に表すことの出来る人ということである。我々は知らず知らずのうちに「想像力」を「創造力」にむすびつけているのである。

第5章

デザインから見る自動車の変遷

Changes in cars seen from a design perspective

自動車のはじまり

・より速く、より遠くへ

自動車が現代の重要な社会システムであることに異論を唱える人は少ないであろう。自動車は素晴らしい道具であるとか、事故や大気汚染の元凶であるとかとさまざまにいわれているが、自動車なしでは、現代のわれわれの日常生活は全く成り立たなくなってしまう。

ガソリンエンジンで動く最初の自動車が誕生してから一二〇年ほどになる。一八八六年、ドイツのダイムラーという人が、ガソリンエンジン付の自動車をつくった。ここで特に、「ガソリンエンジン」と断る理由は、その頃はまだ、自動車エンジンの主流は「蒸気」や「電気」であったからだ。

産業革命を推進させた蒸気機関は、工場での動力源としてだけでなく、機関車のエンジンとして鉄道の発達に大いに貢献した。もちろん蒸気エンジンは鉄道だけではなく、自動車のエンジンにも大いに用いられたのである。蒸気機関は馬力の点でガソリンエンジンに遜色はなかった（というより、はるかに勝っていた）が、大きなボイラーと大量の水と燃料（主に石炭）を積まねばならない。さらに石炭を燃やすと大量の煙がでるから、大きな車には向いていても個人用の小型車には向いていない。それでもイギリスの農村では、かなり長い間、一九五〇年代まで蒸気エンジンの牽引車が使われていたほどである。

誕生直後の自動車は「馬なし馬車」と呼ばれたが、その頃にはもともとの馬車の技術は完成していて、例えばステアリングの機構、車輪のキャンバーとスポークの関係、馬に牽引された際の走行安定性、といった構造と技術に関して多くのことが知られていた。

長い間、人間の高速移動の手段は馬だけで、鉄道が発明されるまで人間が移動できる最大の速度が馬の速度を超えることはなかったのだ。一八二九年にイギリスで、「馬」とスチーブンソンの製作した「蒸気機関車」が競走し、機関車が勝った。これが有名な「ロケット号」である。

ロケット号は三〇人の乗客を乗せ、時速四六・七キロメートルで走った。人類が自らつくりあげた機械で馬のスピードを初めて超えた瞬間であった。そのわずか一〇年後、蒸気機関車はあっさりと時速一〇〇キロメートルの壁を超える。このように自動車が第一歩を歩み始めたとき、陸上交通の王者は蒸気機関車であった。一八九〇年にフランスで蒸気機関車が時速一四三・九七キロメートルを記録したが、これが一九世紀におけるすべての交通機関での最高の速度記録である。

誕生当時の自動車は走るのがやっとという状態で、スピード記録への挑戦など夢のまた夢であった。しかし、世間に認められるためには「ロケット号」が馬と競走して勝ったように、他のものと比較してその優位性を示す必要があったが、鉄道はライバルにするには強すぎたから、自動車の当面のライバルは自転車であったといえる。

一九世紀末の自転車は、チェーンによる駆動や、空気入りのタイヤを採用し、形態も今の自転車にかなり近いものになっていた。ちなみに当時の自転車でのスピード記録は、時速五四・五キロである。一八九八年、パリで自動車と自転車の競走が行われた。一キロメートルのコースで行われたレースで、「電気自動車」が平均時速六三・一六キロを出し、自転車に一〇秒近い差をつけて勝った。ガソリンエンジンの自動車はまだまだ性能が不安定で、「電気」「蒸気」のどちらのものよりも劣っていたのである。ちなみに、フェルディナンド・ポルシェ博士が最初に手がけた車も、電気自動車であった。

・時速一〇〇キロの壁

こうして、鉄道は別格として、「馬」よりも「自転車」よりも「自動車」のほうが勝っていることが知れわたり、人々の関心は自動車が時速一〇〇キロの壁をいつ超えるだろうかということに移った。

これが達成されたのは意外に早く、一八九九年、フランスのジェナツィーという人が電気自動車で時速一〇五・九キロを記録し、自動車が史上初めて一〇〇キロの壁を超えた。この記録は、自動車の性能が急速に向上したということを表しているのだが、もうひとつ興味深いのは、ジェナツィーの電気自動車は「魚雷」あるいは「葉巻」のような「流線型」をしていたことである。その頃空気力学は一般的でなかったから、彼がこれに通じていたとは考えられない。おそらく直感的、経験的に、スピードを上げるためには「流線型」が有利であると思ったのであろう。

一方、ガソリンエンジンの自動車も少しずつ改良が加えられ、「蒸気」や「電気」の自動車に追いつきつつあった。後にロールス・ロイス社を興すC・S・ロイスは、一九〇二年に、自作のガソリンエンジンの自動車で時速一〇二キロを出したが、まだまだ電気自動車には及ばなかった。

二〇世紀に入り、ガソリンエンジンの車はめざましい発達をとげた。かつては、信頼性に乏しく役に立たない乗り物とされたが、技術者の地道な努力による改良が加えられ、次第に性能を高めていったのである。二〇世紀の初めの一〇年間にこれらの技術者のアイディアは、現在の自動車に取り入れられているもののほとんどを網羅していたが、技術的、工業的基盤が整っておらず、実用化はまだ不可能であった。

ダイムラー、ベンツ、ポルシェ、ロールスとロイスなど、いずれもこの時期に活躍したエンジニアの名前である。それらの人名が現在の自動車会社の名前、あるいは車の名前に残っている。時代はだいぶん後になるが、「トヨタ」だって「マツダ」だって「ホンダ」だって、もともとは人名である。

ここまで、自動車のスピードアップとレースの原点のような話を続けてきたが、今までの話はすべてヨーロッパでの出来事である。アメリカでもいろいろな自動車がつくられていて、スピード記録に挑戦していた人は大勢いるが、一〇〇年後の現代でも話題になるような話はあまり残っていない。自動車が誕生した当時、ヨーロッパに技術的優位性があったことの現れだが、アメリカとヨーロッパの、自動車についての考え方の違いによるものも大きいと思われる。

ヨーロッパでの自動車は、まず金持ちの道楽として発達した。アメリカに比べヨーロッパでは、鉄道をはじめとする交通機関が発達していたから、日常の暮らしに、何が何でも自動車が必要という状況ではなかったのである。一方アメリカでは、鉄道が発達していたのは東海岸だけで、大陸横断鉄道は開通していたものの、広大な中西部を網羅するようなものではなかったから、個人の日常生活における移動のための、「馬」に代わる実用的な「足」が必要とされていたのだ。

自動車はヨーロッパで発明されたが、なにしろ「金持ちの道楽」だから、自動車メーカーとはいっても、職人による「一品生産」が基本であり、丁寧な仕上げの高級車はつくれても、低廉な価格の大衆車の量産には無縁であった。この点、アメリカでは「実用的な足（道具）」が必要とされていたから、工業製品としての自動車はアメリカで大きな飛躍を遂げたのである。

Ｔ型フォード

・ベルト・コンベヤー方式

一九〇八年フォード社が発売したＴ型フォードは、その後の二〇年間に一五〇〇万台を売り上げた。トヨタのカローラも、ほぼ二〇年間で一五〇〇万台を売ったが、こちらは何度かのモデルチェンジを重ねている。Ｔ型フォードは基本的に同一のモデルでの記録であるから、これがいかに大変なベストセラーであったかが分かるであろう。

Ｔ型フォードは機能的で頑丈で運転しやすい車であり、実用的大衆車として大変に優れた車であったが、もうひとつ、「モノつくり」の歴史からみて絶対に忘れてはならないことがある。それは、流れ作業による大量生産方式の採用である。自動車の工場に限らず、このやり方は現代のどんな工場でもごく普通に行われている生産方式だが、この方法を実

Ｔ型フォード
（1908年）
ヘンリー・フォードが世界で初めて大量生産し、自動車の革命といわれた

行したのがヘンリー・フォードであった。

車を組み立てるのに、例えば一〇〇年前のヨーロッパの自動車工房で一台だけをつくるのであれば、どんなやり方でも完成までの時間にそれほどの差は出ない。また同じ車を数台つくるとき、それらを並べて置き、部品をもった人間がそこまで行って組み付けては戻る、これを何十回か何百回か繰り返すと車が出来上がった。しかし、数十台、数百台となるとこうしたやり方では対処できない。ヘンリー・フォードは人間が定位置にいて、組み立てられる自動車のほうをベルト・コンベヤーに載せて動かそうと考え、彼の工場でそれを実行したのである。

実は、このやり方のすべてをヘンリー・フォードが考え出したのではない。規格化された定型部品の組み立てによる大量生産を最初に行ったのは、アメリカの銃器メーカーであった。またコンベヤーによる移動装置は、シカゴの精肉業者が肉の加工に使っていたものを、自動車の組み立て用に改造したのである。

一台の車を組み立てるのに必要な時間をリードタイムという。当時のフォード工場でのT型のリードタイムは一四時間であったが、この方法を取り入れることによって一挙に一時間半に縮まった。本田技研狭山工場でのシビック一台分のリードタイムはほぼ一六時間である。現代の乗

フォードのベルト・コンベヤー式生産ライン
世界で初めて、流れ作業を自動車の生産方式に導入した

用車の部品数は数万個あり、それよりもずっと部品数の少ないT型フォードと単純に比較はできないが、それでも、如何にフォードのベルト・コンベヤー方式が劇的効果をあげたかが想像できよう。

この結果、自動車の品質の安定化と低価格が実現され、T型フォードは「アメリカという国に車輪をつけた」、あるいは「T型は決して追い越せない、追い越した先に必ず別のT型がいるからだ」とまでいわれるほどになった。

こうして大量の生産と消費の循環が始まり、自動車はもはや金持ちの道楽ではなく、一般大衆の日常的な交通手段となっていったのである。ただ、流れ作業に従事する労働者は、まるで機械の一部となったような単純作業の繰り返しを強いられ、後に、チャップリンが「モダン・タイムス」で痛烈に風刺したような、人間性を無視した労働のかたちの始まりであったともいえよう。

・均質化への反省

「自動車王」と呼ばれるヘンリー・フォードは大変優れた技術者であったと同時に、敬虔なクリスチャンであり、かつ強固な信念の持ち主でもあり、T型フォードに絶対の自信をもち、この車の普及がアメリカの発展に結びつくと固く信じていた。だからモデルチェンジはおろか、ちょっとした改良すら認めようとはしなかったのである。

ところが、自動車メーカーはフォード社だけではない。ライバル会社がフォードの成功を黙って見ているはずがなかった。特にその頃、業界二位のゼネラル・モーターズ（GM）は、T型フォードの弱点や、ユーザーの不満がどこにあるかなどを徹底的に検証して、一九二七年、新型の「シボレー」でT型フォードからベストセラーの座を奪う。フォード社では、急速にT型が売れなくなり、ヘンリー・フォードの側近はしきりに新型車の開発を勧めるが、彼は頑としてこれを認めなかった。

私は、本田宗一郎さんもヘンリー・フォード氏も優れた技術者として尊敬しているが、こういう点では本田さんのほうが、はるかに柔軟な思考の持ち主であったと思っている。フォード社がつくればつくるほど損をするといった状態になっても、ヘンリー・フォード氏は、T型フォードは絶対であるという信念に固執し、新車や新技術の開発を認めず、市場の欲求に耳を貸そうとはしなかった。大幅な減益やシェアの低下によって、フォード社がしかたなく新型車を発売したときにはすでに遅く、シェアの回復はおろかトップの座をも明け渡したまま現在に至っている。

消費社会は量産による均質化した製品の供給によって成立しているのだが、やがてそのことから逆に差異を求める動きが生まれるものだ。「シボレー」にあってT型になかったものが、こうした動きのもととなる「デザイン」と「マネージメント」の考え方だった。

その後、GMは顧客の要求に応える豊富なモデルバリエーションとカラーを揃え、スタイリングを重視するという、大量生産と製品のバラエティを両立させるシステムを確立することになった。こうしたマネージメント手法を編み出したのが当時のGM社長であったA・スローンである。彼のこうしたやり方は、今でも自動車業界をはじめとする多くの業界で行われている。

GMを世界最大の企業に育て上げたスローンは、後に『GMとともに』(ダイヤモンド社、一九六七年)という自伝を著した。この本はドラッカーに絶賛され、さらに多くの経営者のバイブルとされ、B・ゲイツも多大な影響を受けたと述べている。新訳が二〇〇三年六月に出版されているので、興味のある方には一読を勧めたい。

ほぼ同じ頃、第一次大戦が起こった。第一次大戦は、機械化部隊が中心となった史上初の近代戦である。この戦争の勃発により、アメリカでもヨーロッパでも、自動車メーカーはことごとく航空機用エンジンの量産に駆り出された。飛行機のエンジンは、自動車のものよりはるかに高い性能、信頼性、耐久性が要求される。このため、自動車メーカーの加工技術、生産技術は飛躍的に向上し、さらに航空機の機体技術とそれに応用される空気力学の進歩は、車の車体づくりに少なからず影響を与えた。

ヨーロッパの自動車メーカーにとっては、軍需生産によって初めて大量生産のノウハウを得ることができたのである。そして、敗戦によって貴族や大地主が没落し、新たに工場労働者を中心とする新興中産階級が誕生した。また、戦闘機や戦車とともにたくさんの自動車が戦場を走り回ったが、それらの多くがアメリカから運ばれたT型フォードである。そしてその活躍が、ヨーロッパの人たちに自動車の有用性、実用性を強く印象づけることになり、その後のヨーロッパでの自動車の大衆化を加速することになったのである。

「ヴィンテージ」という言葉を聞いたことがあると思う。「葡萄のあたり年」という意味で、この年に採れた葡萄からは上質のワインができたのでこのように呼ばれている。高級車づくりの伝統と飛行機などの新技術によって、第一次大戦の終わりから経済恐慌までの数年間にさまざまの優秀な自動車がつくられた。これらの車を、上質のワインになぞらえて「ヴィンテージ・カー」と呼ぶ。

バウハウスがちょうどこの時代に重なる。アメリカでは一九二九年に五三三万台の自動車が生産され、第二次大戦前のピークを記録した。自動車の発達は、郊外に住んで都心に通勤するというライフスタイルを可能にして都市の構造すら変貌させていった。一九三六年には、アメリカの全所帯の五四%が車を所有していたといわれている。趣味的な高級車が経済恐慌によって姿を消した後、自動車は、大衆化に向けて大きく進んでいった。

イメージとしての流線型

「カロッツェリア」を知っているだろうか。これは、もともとイタリアの高級馬車をつくる工房のことで、自動車の時代になってからは、大金持ちの注文で「一品生産」の高級車をつくるようになった。第一次大戦後からカロッツェリアは、そのころ流行した「流線型」を取り入れたデザインを行ったが、これは純粋な空力理論にもとづくものではなく、新しい美しさを象徴するための「手段」であり、同じ頃にドイツのメーカーで行われていた空力の実験車とは違ったラテンのおおらかさが感じられる。

自動車の黎明期のヨーロッパとアメリカの事情の違い、さらにゲルマンとラテンの気質の違いによるクルマつくりへの考え方の違いなど、長い時代の流れによってそれらは相当に薄まっているはずだが、今でもそれぞれのクルマにそうした違いを感じとることができる。「流線型」を一例とするように、製品にあるイメージを加え、そのイメージを強調することによってもとの製品を人々に強く印象づける。こうしたやり方が顕著になったのは大恐慌下のアメリカにおいてである。

今の日本は不景気だから、消費者の財布の紐がかたいといわれているが、七〇年前の世界恐慌下では、アメリカ市民の財布の紐は今よりもずっとかたく、購買意欲は低下していた。また、企業の淘汰がすすみ市場は飽和状態に近づいたから、企業は、新製品によって消費者の購買意欲を刺激し、なんとか消費の拡大を図ろうとした。しかし、そういった製品の開発には莫大な資金が必要であり、さらに、企業自体が恐慌で多大なダメージを受けているからそんな余裕はない。そこで従来からある製品の外観だけを変えて、それを新しい製品として市場に送り出すという手っ取り早い方法がとられたのである。

このときに新たな脚光を浴びたのが、それまであまり注目されなかったインダストリアル・デザイナーである。近代デザインの流れの中で、非常に重要な考え方のひとつが「機能主義的デザイン」である。「形」と「機能」とを分けずに、一体のものとして捉えようとするデザインの考え方で、その頃のヨーロッパにおけるデザインの主流であった。バウハウスやル・コルビジェなどがこれを主張していたからだ。ところが、消費社会が成熟し、さらに大恐慌という非常事態の中で、アメリカの工業デザインの考え方はヨーロッパの発想とは異なったものになったのである。

Ｔ型フォードを駆逐したＧＭのシボレーが、ユーザーの嗜好を積極的に取り込み、さらにはそれをコントロールしようとしたことは、アメリカ流のデザインのやり方のさきがけといえるもので、一九三〇年代にはいると、それがさらに徹底したものになった。例えば、人々のスピードに対する欲求に対して、メーカーは「流線型」の採用によって応えたのだ。カロッツェリアの流線型と同様に、科学的理論にもとづく流線型と違っていたのはもちろんであり、流線型の機関車、客船はまだしも、なんと流線型の鉛筆削り器やポットのつまみ、婦人用の帽子まであった。流線型でなければならない必然性とは別に、「流線型」が製品に「先進的イメージ」を与え、消費者の購買意欲をかきたてる役目を果したのである。

このように機能をイメージ化し、製品そのものをそのイメージによって印象づけるやり方が、その後のアメリカのデザインの方法として長い間続くことになった。

第二次大戦の終結とともに、世界中で乗用車の生産が再開され、特に戦災を受けなかったアメリカの各社は意欲的なニューモデルを続々と発表。一九四九年にアメリカでは、乗用車の売り上げが初めて五〇〇万台を上回り、翌一九五〇年にはアメリカの自動車生産は八〇〇万台を超えた。これは全世界の自動車の七五％がアメリカで生産されていたことになる。アメリカの自動車業界は完全にビッグ３（ＧＭ、フォード、クライスラー）の独占体制になり、各社は高価格、大型化の経営戦略を推し進め莫大な利益をあげた。

一九五〇年代から六〇年代は、まさにアメリカ車の黄金時代といってよく、大排気量のＶ８エンジンにオートマチックトランスミッション、それに電動装備を満載してますます巨大化し、より快適に、よりスマートに車の姿を変えていった。例えばキャデラックのテール・フィンには、第二次大戦の双胴の名戦闘機ロッキードＰ-38の垂直尾翼のイメージが持ち込まれ、これが他の車にも大きな影響を及ぼし、豪華なラジエター・グリルや張り出したテール・フィンを競い合ったのである。

日本デザイン世界を走る

私がホンダに入社した一九六四年、東京オリンピックの年に、ホンダは、真っ赤なスポーツカー「Ｓ３６０」で自動車業界への参入を果たした。

この頃に一世を風靡していたクルマは、アメリカのフォード・ムスタング、ドイツのポルシェ９１１、イギリスのジャガーＥタイプ、イタリアのフェラーリ２５０ＧＴＯなどである。これらはそれぞれのお国柄を背景にまさに百花繚乱、個性的でとても面白いものであった。そして、豊かな国力を背景に排気量の拡大を続けるアメリカ車は「モンスターカーの時代」を迎えたが、その後のエネルギー危機により、その姿を変えざるを得なくなっていく。

こうした華やかな車の陰で、大衆の足としての実用性の高い車が欧州の各国で生まれていた。一九五八年にはアレック・イシゴニスの設計による有名な「オースチン・ミニ」が発表された。車輪を四隅に配置した前輪駆動車で、エンジンとトランスミッションと前車輪とが一体になっていて、小さなサイズながらも車室を広くできた。このような考え方が、現在の小型大衆車の世界的標準となっている。

一九七三年のオイル・ショックとともに安価な石油の時代は終わりを告げ、ガソリンを浪費し排気を撒き散らすアメリカの大型車は社会的批判にさらされ、一転して、ヨーロッパや日本の燃費のよい小型車に目が向けられるようになった。また排気問題でも、ホンダのＣＶＣＣエンジンはアメリカの規制値をいち早くクリアした。経済的で故障の少ない日本からの輸入車の進出はデトロイトに深刻な打撃を与え、大きくて重い「アメ車」は、すっかり過去のものとなった。「オイル・ショック」「公害問題」はこれだけの単独の現象ではなく、おそらく、現在まで続いている世界潮流の大きな変化の兆しであったのであろう。

その後世界は、「工業の時代」から「情報の時代」へと変化する。今がちょうどその変化の真っ最中なのだろうが、ことによるともう変化してしまったのかもしれない。あと何十年かすると、それがいつだったのかはっきりと分かるのだろう。

自動車が社会にさまざまな影響を与えてきたように、自動車も社会から多くの影響を受けている。駆け足で述べてきたが、自動車は経済恐慌とか戦争に大きな影響を受けた。そういう見方をすると、現代が自動車にとってどんな時代なのか、自動車の将来の姿はどうなのかが少しずつ見えてくる。一九八〇年代半ばまでに、世界の乗用車の主流は小型車となった。小型車の技術をもっていなかったアメリカのメーカー各社の業績は落ち込み、特にクライスラーは倒産という瀬戸際に瀕したほどである。

この時期、アメリカの自動車市場を席巻したのは日本車であった。アメリカと日本の自動車メーカーを対比させたハルバースタムの大作『覇者の驕り』（日本放送出版協会、一九八七年）である。長編だがたいへん面白いので、興味のある人は読まれることを勧めたい。

ただ、この本が書かれた一九八〇年代の半ばと、十数年後の状況は全く異なる。『覇者の驕り』は「フォード」と「日産」を狂言回しにして、日米自動車産業の栄枯盛衰を描いているが、ここに表された内容と現在は全く逆になってしまった。それは、アメリカ側の努力の賜物といえるのだろうが、日本の「驕り」も大きかったと思う。

一九九〇年代になって、アメリカの自動車産業は復活する。さらにEU統合の問題で揺れ動くヨーロッパの自動車メーカーも勢いを取り戻す。どちらも、日本のやり方を謙虚に学んだ結果が大きいが、当の日本は、バブル経済崩壊の影響から未だに立ち上がれない状態が続いている。

一九九〇年代の後半、日産自動車には仏ルノー社の資本が入り、積極的な経営立て直し策を講じられた結果、二一世紀の初めには驚異的な復活を果たすことになった。栄枯盛衰一〇年周期の山と谷は、私の体験したホンダだけではないのかもしれない。「奢れる者久しからず」は、古今東西変わりはないようだ。

この頃から、世界中で人々の意識や価値観が、外向けから内向けに、成長志向から安定志向に変わり、自動車へ期待するものが変化した。誇り高いメルセデス・ベンツでさえ大型高級車一辺倒の路線を修正し、小型車やRVの開発に力を入れるようになったほどである。自動車は「走るための便利な道具」であるよりも、

「生活を楽しむための道具」であることを期待されるようになった。「ＲＶ」や「ミニバン」がもてはやされたのは、こういう理由なのであろう。

第6章 デザインから見る世界

The world seen from design

デザインの地域適合性（初代シビックの例）

一九七二年の秋、初代のシビックが日本国内で発売され、それに続くヨーロッパでの発売にあたり、その仕様装備がどうあればよいかの調査のため、エクステリア・デザインを担当した私がヨーロッパへの出張を命じられた。これが、私にとって初めての外国行きである。

ヨーロッパはたくさんの国と民族で出来上がっており、それぞれの地域と人々に千差万別の好みがあると聞いていた。しかしシビックの装備や塗色といった仕様を、そうした好みのすべてに適合させるわけにはいかない。私の出張の目的は、開発担当者として現地のディーラーと協議して、ユーザーの要望とメーカーの事情との最良の妥協点を探ることだった。

三〇年前の日本では、まだまだ海外出張は珍しく、羽田空港（まだ成田空港はできていなかった）には、上司や同僚がたくさん見送りにきてくれたものだ。最初の行き先はパリ。羽田を発ち、アンカレッジで一休みして北極圏を越え、アムステルダムでもう一度休んでようやくパリへ。二〇時間を超える長旅であった。

ヨーロッパには、アングロ・サクソン、ゲルマン、ラテンの三つの人種が暮らし、アフリカの近くから北極圏までの、暑いところから寒いところまでさまざまの気候がある。暑い地域向けと寒い地域向けの自動車は装備の点で大きな違いがあるし、国や人種によってお客さんの好みもまったく異なっていた。

メーカーにとっては、これらの種類が少ないほうがつくりやすくて嬉しいが、ディーラーにとっては、担当地域ごとのお客さんの好みに合わせたほうが商売しやすいわけだ。そうした各地のディーラーの希望を合わせると、結果的に膨大な組み合わせとなってしまう。すなわちメーカーとディーラーの立場は全く逆になるということだから、何らかの調整が必要である。私は開発部門を代表してこの調整会議に出席した。

日本を出るときに、上司から「仕様装備はできれば一つ、多くても二つまで、色は三色以下に」ときつくいわれている。会議は二日にわたり、結局、温度差の激しい地域だから仕様装備は二つ、塗色は三色ということになり、ほぼ予定どおりに決まって、まあまあのできだと胸をなで下ろした。

その夜、会議の打ち上げパーティが開かれる。「一件落着したし、明日はルーブルでも見学しよう」といい気分で酔っていたら、次から次へと現地のディーラーの人たちが寄ってきて、「君はヨーロッパが全く分かっていない」とか、「国ごとに事情が違うんだ」、ついには「今日の会議はフランス仕様を決めただけのことだ」とまでいわれてしまった。

そこでやむを得ず、次の日から一週間ほどかけて、イギリス、ベルギー、ドイツと、「シビック」に乗って各地のディーラーを廻る羽目になったが、結局、ひと回りしてパリに戻ったときには、内外装色、仕様ともに五割ほど種類が増えてしまっていたのである。帰国して出社したら、みんなから「何しに行ったんだ」ととっちめられたが、私としては新しい発見ができたことが嬉しかった。

風土とデザイン（初代レジェンドの例）

三〇年ほど前までは、メーカーにとっては昔のT型フォードのように、単一のモデルを大量につくって売るのが収益の点で絶対に有利だった。ところが、近頃では各地域のお客さんの好みに対応できないと、まったく受け入れてもらえなくなったのである。もちろん現代だって、単一モデルの大量販売が可能であるならメーカーは高収益を期待できるが、ユーザーの好みが多様化している現代ではそううまくはいかない。つくり手の都合が優先すると、かえって収益に響くことになってしまう。

一九八〇年代前半、ホンダがイギリスのローバー社とエグゼクティブ・カーの共同開発にとりかかったときの話だ。車のボンネットの高さは、エンジンのレイアウトや運転者の視界設定のために開発の早い時期に決めておく必要がある。この車のエンジンは、ホンダのV-6（横置きV型6気筒）とローバー社のL-4（横置き直列4気筒）のそれぞれの採用が決まっていた。ホンダはV-6エンジンを低いボンネットに納まるようレイアウトしたのに対し、ローバー社はそれより五〇ミリぐらい高くエンジンの位置が設定されていた。これをなんとか、ホンダ並みに下げて欲しいと要求したが、ローバー側は「その必要はない」と頑として受け入れてくれない。

こちらがあまりしつこく頼むものだから、彼らも「なぜそんなに下げたいのか」と不思議がった。そこで、こちらの考え方を説明したが、彼らは「全然理解できない」という。また「前方視界のためにボンネットを下げるというが、何を、どこを見るためなのか」「開放感というが、前方のボンネットの面が見え過ぎると不安である。むしろ、ボンネットが高いほうが安心感があってよいのだ」と主張する。さらに「高いほうが、外観デザインの見え方に威厳が出るうえ、安全にも見える」と、全然引く気配はない。らちのあかないまま週末を迎えた。

気晴らしに、車でイギリスの田舎道を走ってみようと北へ向かう。グラスゴーの北、ヘレンズボローという小さな町はずれの丘の上に石造りの家を見つけた。立派な英国風の建物で、周囲の風景によくなじんでいる。同行する英国通の仲間の説明によると、これは「ヒル・ハウス」と呼ばれている建物で、有名な建築家、チャールズ・マッキントッシュのデザインであるという。石造りであるから、家の中と外は完全に遮断され、イギリスの厳しい自然環境から住人を守っていた。日本の木造の家は、蒸し暑い夏を、できるだけ快適に過ごせるように、開放的で風通しがよい。

木と紙の家に住んできた人間と石造りの家に住んできた人たちとの間に、物の見方、考え方の違いがあって当たり前だと思った。どちらが正しいか間違っているかではなく、「違っているんだ」と思ったら、すっかり気が楽になったのである。週明け、ローバーの人たちにそんな話をしたら、ようやく気持ちが通じたらしくニヤリと笑って、「じゃあ間をとって半分の一二五ミリ下げようか」ということになり、たちまち局面は打開された。一台の車を、何千キロも離れた西と東の国のメーカーが共同開発することで知ったお互いの「違い」である。

文化とデザイン

このところ、世界中の自動車のデザインが何となく似てきたという声が増えている。自動車に限らず、他の工業製品についても同じことがいえるだろう。世界の経済や文化の交流・統合が急速に進む過程で必ず起こる現象なのかもしれない。今までにいろいろな国に行ったが、大きな都会では洋の東西を問わず、空港、ホテル、ショッピングモールなど、何となく似ている。マス・メディアの発達によって、どこかの国で生まれた流行は、短時間の内に世界中に広まり、その結果、世界中どこに行っても、同じようなものを食べ、同じようなものを着て、同じような家に住む、という傾向になった。

もちろんこうしたことはごく表面的な現象に過ぎず、地域や民族特有の習慣や文化は持続しているはずである。だが、このような文化や習慣が、必ずしも現代風の利便性を提供するという保証はないから、人々は、現実に快適で便利な生活の様式があれば躊躇なくそれを取り入れるということなのであろう。

しかし人は、それぞれが生まれ育ってきた文化とまったく縁を切って生きてはいけないものだ。一見それと無縁に生きているように見えても、例えば私自身を振り返ってみても、歳とともに日本の文化や生まれ育った故郷の文化への繋がりを強く感じるようになってきている。

人間がどのような状態を幸せと感じるか、それは人によって異なるものであるし、幸せに至る道もひとつではない。さらにいうなら、快適で豊かに暮らすことだけが人間にとっての幸せなのか、それは快適さや便利さによってのみ実現されるものなのか、とも考える。人の心の奥底に理屈抜きに染みついている文化とあまりにもかけ離れた利便性や快適さには、違和感や居心地の悪さのみが残るのではないだろうか。一時の利便も快適も、それらを払拭できないのである。

デザインが人類共通の文化であることに違いはない。さらには人々の暮らしと心を豊かに幸せにするためのものである。それでは、デザインは世界共通を目指すべきであるのか、あるいは地域性を強調すべきなのであろうか。

これを本気で考えるには、文化の本質とは何かを考察しなければならなくなるが、私自身は、連綿と続いてきたさまざまな文化は尊重されるべきであると考えている。多様な思考、精神、価値観を無理やりひとまとめにくくって共有する必要など全くない。おそらくひとまとめにされて出来上がった単純明快な世界は、効率の良さによってある種の豊かさを人々に約束するに違いないだろうが、そうした豊かさが人の幸せに繋がるかどうかは、はなはだ疑問である。

私の願いとは別に、人々の多様さが将来融合し統合され、地球の新しい文化に繋がるなら、それはそれでよいと思う。言っておきたいのは、既存の文化を無理にねじ曲げる必要はないということである。文化は、人間の長い間の生活や習慣によって生まれてきたものであり、「モノ」のデザインからそれを感じ取るとき、われわれはそこに自分の生きてきた世界を感じ取り共感し、心地良くなることができる。また同時に、そうした気持ちが新たな文化の発展に繋がっていく。

デザインのアイデンティティ

前にも、銃について述べたように、自動車に対する考え方にもヨーロッパとアメリカでは根本的な違いがある。この出発点の違いは、実は現代にも繋がっているのだ。ヨーロッパの自動車メーカーは、極めて先進的志向をもち最先端の情報に敏感である。ヨーロッパでの車の出発点が遊びの精神にあったからだというべきなのかもしれない。それは、毎年ヨーロッパ各地で催されるモーターショーに出展されるモデルの多くが話題になることでも分かる。

ところが面白いことに、ヨーロッパの多くの一般ユーザーに実際的機能を重視しているし、現実の市場でたくさん売れるのは圧倒的にこういった実用車である。現在、世界の大衆車の標準となっているＦＦ２ボックスカーはヨーロッパが発祥の地であり、ヨーロッパの大衆自動車に対する考え方が集約されて生まれてきたものだ。最初は、貴族や富豪の遊び道具であった自動車が、後に、実用的道具として一般大衆に使われるようになったということである。ヨーロッパの自動車市場においては、「つくり手主導のモノつくり」が続いてきたということになるのだろうが、これは「プロダクト・アウト」とは少し意味が違う。

ヨーロッパにおける各自動車メーカーの車のつくり方や考え方は、そのままそのメーカーのアイデンティティとなっている。メルセデス・ベンツの高級品質と高速性能の高さ、ボルボの安全性、シトロエンの斬新な技術とユニークなスタイル、ＢＭＷの高級なスポーツイメージなどなどである。

メーカーのアイデンティティ（独自性）が分かりやすいから、ユーザーは自分の好みや暮らし向きに合ったメーカーを決めやすいということである。「つくり手主導」とはこういう意味で、メーカーが押しつけがましい商売をしているという意味では決してない。

明快なアイデンティティは、ヨーロッパのメーカーに特有なものである。この点でホンダは日本のメーカーとしては例外的に、アイデンティティが分かりやすいといわれているが、それが生まれてきた過程は、ヨーロッパのメーカーのそれとはまったく違う。

昔からヨーロッパは階級社会であり今でもその傾向は強い。ところが、少なくとも第二次大戦後の日本ではそうではなかった。これがヨーロッパの人々の日常生活のさまざまな場面に影響を与えていて、それは、自動車にとっても例外ではない。

自動車登場以前の乗用馬車は、貴族を中心とする支配階級のものであった。彼らの好みに合わせて馬車をつくったのが「コーチビルダー」で、イタリア語でいうと「カロッツェリア」である。コーチビルダーは、ヨーロッパ各地の貴族による支配地域独特の文化や風土を反映した馬車づくりに励んだ。そして、この馬車にエンジンが付き、やがて自動車として量産化されるようになる。これらコーチビルダーの中のいくつかが、自動車メーカーへと育っていったから、ヨーロッパのメーカーが明快な個性をもつ理由と、それを大切に保持し続けていることが理解できよう。

ヨーロッパにおける自動車は、最初は貴族や有産階級のいうならばおもちゃであったが、アメリカではT型フォードのように一足先に大衆の足になっていたのである。ヨーロッパでそうならなかったのは、鉄道が早くから発達していたし、アメリカのような広大な地域での移動手段という必要性が乏しかったからであろう。また一般市民の購買力も低く、自動車自体が「便利な道具」というよりも、伝統的工芸品をつくるようなやり方でつくられていたのである。

階級社会とデザイン

第一次大戦後、ヨーロッパは産業社会に変貌し、資本主義体制の中で富の分散化が進んだ。金持ちと貧乏人という二種類の階級しか存在しなかった社会に、その中間ともいうべき階層が生まれたのである。そして、この「大衆」と呼ばれる一般市民が社会の中心となったが、以前からの階級制は「生活習慣」として存続していた。

階級制社会で人々は、自分の属する階級特有の暮らし方をする。その階級に対して暗黙に認められている（というか暗黙に強制されている）地域に住み、職に就き、買い物をし、同じ階級の人同士で結婚する、といった具合である。こういった意識や習慣が自動車を選ぶときにも大きく働くのは、ごく当然のことといえた。

自動車にも階級付けがされている。日本でも各メーカーの自動車のクラス分けがされているが、それは性能とか装備による価格別のクラス分けにすぎない。日本で、貧しい若者が食べるものを節約して高級車を買って乗り回したら、眉をひそめる大人がいるだろうが、あくまでそれは本人の勝手であり「個人の自由」である。

同じことがヨーロッパであったとしたら、そこでも「個人の自由」だから、表向きは誰も何もいわない。ただ多くの人が、心の中で「身分不相応である」と非難するはずである。しかし、それ以前に階級社会で暮らすヨーロッパの人々の間では、若者が無理して高級車を買おうという発想自体が生まれない。

普通、若者に金がないのは当たり前で、彼らは小さな安い中古車を買うか、オートバイに乗るはずである。若者にとってはそのほうがずっと「格好よい」に違いない。若者には当然のことながら、高級車へのあこがれがあったとしても、無理してそのような車を買おうという考え自体が浮かばないのだ。そうでない大人たちにとっても、自分の社会的立場によって選ぶ自動車のクラスはほとんど自動的に決まっていて、そのクラスの中で自分の気に入った車を選択する。階級意識の強い社会においての商品の選択、特に自動車のように、それをはっきりと外に向かって表しやすい商品の場合、それはこのように行われると思ってよい。

メーカーそのものの格付けと車種のクラス分けが複雑に絡むので簡単には説明しにくいが、ヨーロッパでの自動車メーカーと車種のクラス分けを大雑把にいうと、最上位が「ロールス・ロイス」あるいは「ベントレー」、次が「メルセデス・ベンツ」の大きなクラスか「ジャガー」「BMW」の大きなクラス、中間に「アウディ」「シトロエン」「ポルシェ」や「ボルボ」など、その下に「フォルクス・ワーゲン」や「プジョー」「ルノー」などが区分されている。

ちなみにホンダは中間クラスの下のほうに区分されているようだ。ただし、この区分は車のサイズや価格、性能をもとに便宜的に行われているものに過ぎず、昔からのヨーロッパのメーカーと同じに比較できるものではない。メーカーに対しての「階級」と「アイデンティティ」の関係は、少々強引であるが、江戸時代から続く老舗のデパートと昭和期以降に鉄道会社が駅に隣接してつくったデパートとの違いのようなものだと思えばよい。

最高級車のクラスから最も低廉な大衆車のクラスまで、それぞれに共通して求められるのは、やはりそのクラスに合った自動車としての基本機能である。さまざまな装備をたくさん付けて、高価であるからといって高級車のクラスに分類されるわけではない。高価格車が必ずしも高級車として認められる、ということではないのである。ヨーロッパの車に現れるクラス（階級）の差は、基本機能の大きさの差に加えて、伝統にもとづくアイデンティティの違い、といえるのかもしれない。

ヨーロッパとアメリカ、そして日本

ヨーロッパに比べてアメリカは、保守的な土地柄である。こういうと不思議に思う人がいるはずだ。最先端の科学技術の多くはアメリカに端を発しているし、アメリカ式の生活が世界中に広まり続けているから、保守的であるといわれると奇異に感じるであろう。

たしかに、世の中のよく目立つ部分において、アメリカが先進的であるのは間違いない。ところが、アメリカ人の日常、普通の暮らしにおける根っこの部分は保守そのものであり、伝統的志向に根差している。より大きく力強いものへの単純ともいえる憧れと信頼、自動車についてもアメリカ的志向はこういうところにあるといえる。

近頃かなり変わってきてはいるが、アメリカ人の自動車への考え方の基本は、T型フォードの昔とそれほど違っていない。細かな装置（デバイス）の技術が発達したにせよ、直列6気筒やV型8気筒の強力なエンジンと大きな車体を中心としたアメリカ車は、基本機能を重視する素朴なフロンティアスピリットに根差すものといえるであろう。実利や自由を尊ぶ彼らは、どこの製品だろうとその素性にあまりこだわらない。日本車が評価されているのも、彼らの実利にかなっているからである。

長い間、日本人は、馬や馬車にそれほど依存せずに生きてきた。だから、われわれ日本人は、ヨーロッパやアメリカが辿ったような、馬車から自動車への変化の過程を知らない。

ところが、ひとたび自動車の魅力を知ると、あっという間にそれを生活に取り込んでしまった。日本経済の発展とともに日本の自動車メーカーは世界を相手にした熾烈な競争の中で、高い技術力・開発力を武器に急激に発展してきたのである。そして、自動車の世界に対して経済的・技術的にさまざまな影響を与えたが、残念なことにこれまで、思想的・文化的面での影響を与えることはなかった。

きめ細かく配慮の行き届いた装備、豊富なオプションパーツなどをベースに、見栄えよくまとめあげられた高品質の日本車は、実質的機能を重視した欧米生まれの車と比較すると、この点での評価は非常に高いものがある。ディティールに凝る傾向は、日本の伝統的工芸に見られる精緻な細工と美しさの追求に繋がるものであろうし、先に述べたとおり、元来日本人は「わび」「さび」といった記号的な価値、情報的価値に意義を見いだす民族なのであろう。

「グローバライジング」と「ローカライジング」

一九七〇年代の初めから、ホンダをはじめとする日本の自動車は、性能や優秀な品質、低廉な価格によって世界中の人々に喜ばれ愛用されてきた。しかし、日本の車は、本当に世界の人々に「喜ばれて」受け入れられてきたのだろうか。

前述の背景に基づいて考えると、「優秀な性能」「高品質」の車が低価格であるなら、世界のどんな地域のどんな人でも欲しくなるのは当然であろう。ホンダは、「安くて優秀ならそれで充分である。多少の問題点はこの際目をつぶろう」とお客さんに思われたなら、困ったことだと考えたのだ。「多少の問題点」は、実は、文化の存続に関わる「非常に大きな問題点」だからである。

世界には実にさまざまな文化があり、それぞれの文化にもとづくたくさんの人々の暮らしがあって、いくら「安くて優秀」であったとしても、これらを「十把ひとからげ」にしてしまうのは、やはり乱暴なやり方だと思う。「一人一人にぴったりの……」は無理だとしても、できるだけこれに近づけるような商品づくりをしたいとホンダは考えたわけだ。自動車メーカーにとっての本音は、生産と販売の効率を第一に考えたT型フォードのやり方、つまり一車種大量生産が理想的であるのは現在でも変わらない。しかし「世界中すべての人々」に愛され感動される商品というものは、結局「一人一人」に喜んでいただける商品である、と私は思っている。

結局、「グローバライジング」は「ローカライジング」を積み重ねることに通じる。「ホンダ・アコード」が、日本、アメリカ、ヨーロッパでそれぞれ別の姿をもたせているのは、こういう考え方をもとにしているからである。

第7章

ホンダに見るデザイン

The design of HONDA

デザイナー本田宗一郎

古い話になるが、昭和二〇年代、ホンダが全国で五〇〇社以上あったオートバイメーカーの中から、何とか抜きん出ようと悪戦苦闘していた時期のことである。終戦直後のことだから、どこのメーカーもそんなに立派なオートバイはつくれない。自転車に補助エンジンを付けた簡単なものばかりであった。それでもホンダの「カブ号」は、エンジンカバーを赤くしたり燃料タンクを白く塗ったり、エンブレムやロゴマークに凝ったりして、「デザイン」で他社との違いを主張していた。日本でまだデザインという言葉が一般化する前に、ホンダには、本田宗一郎という優秀なデザイナーがいたからである。

本田さんは、特にデザインの専門教育を受けたわけではないし、この頃に「デザイン」という言葉をご存じだったか、あるいは使っていたかどうかは分からないが、「デザインマインド」にあふれた人であった。それは今のわれわれが考える製品開発やデザインの理論とは別の、「こんなものをつくりたい！」という強烈な意志にもとづくものである。「モノつくり」の最初は作者の意志によって始まる、と先に述べた。本田さんがつくり出したものは「個性的」であると評価されたが、それはこうした「モノつくり」を始める際の意志の強さが反映されたからに違いない。

　そこで昭和二〇年代、ホンダデザインの創成期はどのようなものであったかを紹介しよう。ホンダについて書かれた本はたくさんあるが、昔のホンダのデザインがどのように行われていたかについては、ほとんど知られていないはずである。私が先輩方から聞いたり教わったりした話をまとめてみた。

　本田さんは、オートバイのデザインを始める最初の段階で、彫刻家のように実物の車体に直接粘土を付けて造形を始めるのが常であったと聞く。すべてのイメージは彼の頭の中にあるから、他の人はクレイモデルが出来上がるまで、それがどんなものかを知ることはできない。しかし、本田さんは社長でありデザイナーでもあるわけで、出来上がったクレイモデルを「これでよし」と思えばデザインは完了する。頭の中にしかないイメージを他の人に分かるように紙の上に表現して、それの可否を決定してもらって次に進むなどということは不要であり、「スケッチ」のような面倒くさいものは要らなかったのだ。

　そうはいっても、すべてを自分でやることは難しい。本来、社長業は忙しいが、財務・営業や経営管理などに関わる仕事は副社長の藤沢武雄さんに任せっきりで、本田さんは技術とデザイン一辺倒であった。しかし、デザインばかりやっていると技術のことを考える暇がなくなってしまう。クレイモデルとはいえ、形を検討している時間よりも、現実はクレイのベース（スケルトン）をつくったり、大まかに粘土を盛りつけたりといった時間のほうが圧倒的に多い。こういった仕事を「社長デザイナー」がやるわけにはいかない。

　また昔は、今のように三次元測定器が普及していなかったから、図面を描くために直接クレイモデルを測定するのが困難であった。そこで一旦粘土から石膏でメス型を取り、それを測定するか、再びオス型に反転して測定する方法がとられたのである。クレイモデルをもとに、プレス用の型を製作するのにこうした作業は必須であったのだ。

石膏を扱う仕事は刀がいるので一人では難しいし、社長デザイナーが関わる仕事でもない。やはり助手が必要である。初めは社内の誰かがその役目を仰せ付かっていたが、これに関わると本来の仕事ができなくなってしまう。それに所詮素人であるから、本田さんにとってもあまり嬉しくはない。結局、こうした仕事に慣れている人を嘱託やアルバイトとして雇うことになった。

エンブレムやロゴマーク、あるいは製品のカタログデザインといったようなグラフィック的仕事は、高澤圭一さんという画家・イラストレーターと契約をする。この人は一九七〇年頃まで、小説の挿絵で活躍されていた。それから芸大の学生が二人、この中の一人は後にホンダの最初のデザイナーとして入社することになり、黎明期のホンダデザインは、このような陣容で出発したのである。

この頃のオートバイは今と比べるとまことに素朴なもので、デザインする場所は大変に少なかった。今のオートバイは大きなフェアリング（風防）が付いているものがあるのでデザインに手間が掛かるが、昔のオートバイは、燃料タンク、サイドカバー、シート、フェンダーやランプ類、それにエンジンといった程度であり、ひとつひとつがそれほど大きくないので、「こんな形である」と「絵に描いて説明する」よりも粘土でつくってしまったほうが手っ取り早い。それに気心の知れた数人で仕事をしていれば、ある程度「以心伝心」で、本田さんの頭の中にあるイメージは他のみんなに伝わりやすかったのである。

ホンダは何回かの経営危機を乗り越えて、昭和三〇年代はじめ頃（一九五〇年代中頃）までには、日本のオートバイメーカーの中でも二流の上ぐらいのランクまで上がることができた。このまま業績を伸ばしていけば、いずれトップメーカーになるであろうと業界内で評判になっていたが、本田さんはそれでは満足できない。そもそも本田技研を興したのも、きっと、自動車がつくりたかったからだと推測する。

自動車の開発には、膨大な資金、高度な技術力、優れた人材が不可欠であった。デザインひとつとってみても、それまでのオートバイデザインのやり方は自動車デザインに通用しない。もちろん逆の場合も同様で、四輪デザインのやり方は二輪デザインには通用しない。立体に対する考え方自体が全く違うからである。やはり本格的にデザインの勉強をした人が是非とも必要であった。

デザイン室（造形室）発足

昭和三二年四月、車体設計課の中に造形室という部門が発足、これがホンダデザインの始まりである。室長は設計課長が兼務したが名目上であり、実質的チーフデザイナーはもちろん本田さんであったと聞く。このときに、学生時代からアルバイトをしていた芸大卒の人と千葉大卒の人がひとりずつ採用された。ホンダのデザインは、新卒のデザイナー二人で動き出したのである。この造形室の最初のヒット作が有名なホンダ・スーパーカブで、四〇年間つくり続けられ、今でも街をたくさん走っているのは周知のとおりだ。

本田さんのことは、本やテレビなどで紹介されていて世間でよく知られている。天才的技術者であったが金の勘定は苦手、激情家で怒るとよく社員をポカッとやった、などと伝えられている。こうしたエピソードは多少面白おかしく伝えられるものだが、これは実際にそのとおりだった。この頃のエンジニアもデザイナーも「ポカッ」の洗礼を受けている。

だがそれは、私の経験からいって、デザイナーのほうが多かったように思う。もちろん私もそのひとりだ。

その理由は、本田さんとデザイナーの間に「共通の言葉」がなかったからではないかと思う。本田さんはやはり「技術者」であり、エンジニアとの間では、例えば図面を通したコミュニケーションが可能であった。

ところが、デザイナーとの間では、そうしたコミュニケーションが困難であったのだと思う。彼が「この車はこんな感じなんだよ」と説明し、「なるほど」と思ったデザイナーがモデルをつくると、「そうじゃぁ、ねぇんだよ。こんな風だってのが分かんねえのか」となる。

「絵空事」といわれるごとく、本田さんは「絵」というものを信用していなかったようだ。だから、デザインの検討は直接クレイモデルで行われた。デザインの検討は、何が何でも「スケッチ」で行わなければならないということはない。最終製品は「絵」ではないのだから、むしろ立体モデルのほうが望ましいともいえる。

しかし、如何せん「絵」と比べると、「モデル」はつくるのに時間がかかる。頭の中に溢れるたくさんのイメージを何とかして人に伝えたい、と本田さんは焦ったのであろうが、イメージは言葉ではうまく伝わらない。クレイモデルは時間がかかる。こうしたイライラが募って、結局、「ポカッ」になったのではないだろうか。

アイディアを練り、スケッチに表現し、それを立体のモデルとしてデ

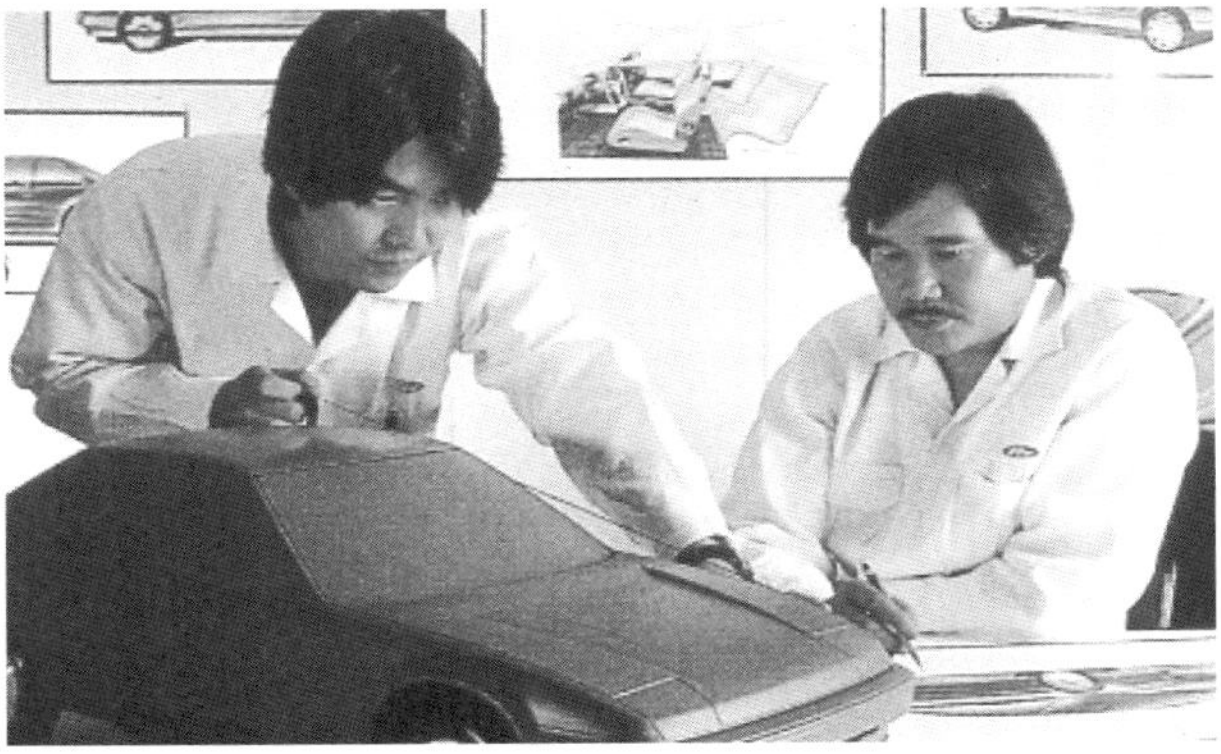

モデル検討
イメージをより現実化するための立体モデルでの検討

ザインを完成させていく。こういうやり方が一九三〇年代からの自動車デザイン、特にアメリカのメーカーで普通に行われているやり方となった。こうした方法と比べると、ホンダデザインのやり方はかなり特殊であったといえるかもしれない。しかし、時代が下って、今ではホンダも企業規模が大きくなり、車種も増えデザイナーも増えたから、これらのデザインをこなすために開発部門の分業化が進み、デザインプロセスも細分化され、独自の近代的なやり方を採るようになっている。

なぜスケッチを描くのか

・イメージを伝えるスケッチ

先に述べたように、「デザインワーク」にとって「スケッチ」は必須のものではない。「スケッチ」の目的は、ひとつにはデザイナーの頭の中にあるイメージを他人に伝えることだ。「オレにはこんなにすごいアイディアがあるんだ。どうだい」と自慢するためのものであり、あるいは他の人のアイディアと比較するためのものである。これをクレイモデルでやっても何の問題もないが、限られた時間でできるだけたくさんの形のアイディアを表すには、やはり「絵」が一番便利であることは間違いない。

それでは、望まれる「アイディアスケッチ」や「レンダリング」はどのようなものであろうか。きれいに描かれているべきであろうが、それはどの程度の仕上がりであればよいのか、自分の描いた絵のレベルはどうなのだろう、役に立つのだろうか、デザインの現場で通用するのだろうか、などと心配になる人がいるはずである。

もちろん、うまいに越したことはない。だが「絵のうまさ」とはどんなことだろう。抽象画だろうと水墨画だろうと、うまいのとそうでないのはある。うまい水墨画でレンダリングを描くというのは面白そうだが、やはりちょっと違う。レンダリングが対象をデフォルメした抽象画のようでも、やはり困る。

「絵」を描く目的は、それがどんな形や色であるかを見る人に的確に伝えるためだから、「上手」であるに越したことはないが絶対の条件ではない。色と形が他人に的確に伝われば充分なのである。

だが、近頃はその製品のもつ雰囲気を伝えることが重視されるようになった。人がその製品を手に入れることによって、どのような気分になれるかを表現するには、やはり、色と形の的確な表現に加えた何かが必要であろう。また、自分のアイディアを、多くのデザイナーが描いたたくさんのスケッチの中で主張するには、目立つドラマチックな表現も必要なのだ。

・イメージを育てるスケッチ

デザインの過程で描かれるスケッチは、他人にイメージを伝えるばかりではなく、もうひとつの役割として、自分の頭の中にあるもやもやと

スケッチワーク
限られた時間でより多くのアイディアを出すためのスケッチフーク

したイメージを目に見えるように紙の上に表現し、自分自身で確認するためにもある。自分自身がそれを確認することによって、「ここはもっとこうしたらよいかも……」という新たなアイディアが生まれるかもしれない。世界中のデザインの現場で、たくさんの「スケッチ」が描かれている理由はここにある。学校の課題で、「アイディアスケッチ」や「レンダリング」の提出が要求されるのは、「絵」そのものを描くテクニックを身につけることもあるが、アイディアの展開方法を修得することを重視しているに他ならない。

デザインで描かれる絵のうまさというのは、一般的絵画、特に芸術作品としての絵画の「うまさ」とは違うものだ。芸術作品としての絵画とデザインのスケッチとの違いは、その目的の違いである。どちらも「絵」であるという点は変わらない。が、一方が作者の心情や精神を主張し表現しようとしているの対し、デザインは、第一に「形の説明図」でなければならない。デザイナーの心情や精神が表されていてもかまわないが、なくても一向にかまわない。ろくでもない精神や、下手な自己主張は邪魔な場合さえある。

実際、デザインの現場で描かれるたくさんのスケッチは、仕事に必要な一種のツールであり消耗品である。長期間、作者の精神を保持し、表現し続ける芸術作品では決してない。だからデザインの現場では、出来のよいものや後々必要ありそうなものだけを保存し、残りは写真に撮るなりした後に廃棄してしまう。

私が学生だった四〇年前と違って、今のデザイン学生は、プロのデザイナーがどんな道具や材料を使っているかよく知っている。また、お金さえ出せば全く同じものを手に入れることができるはずだ。だから、見たこともないような画材は少ないだろうから理解できると思うが、こうしたデザインの材料、マーカー、パステル、紙などは、デザインスケッチを描くうえで、まことに都合よくできている。

製品デザインに際しては「絵」がたくさん描かれるが、自動車デザインの場合を例にとるなら、一九五〇年代までは、ラフなスケッチは（色）鉛筆、丁寧なレンダリングは絵の具（ほとんどの場合ガッシュ）が使われるのが普通であった。上手な人が描いたガッシュ（不透明水彩絵具）でのレンダリングは、充分に鑑賞に堪えるものであった。ただ、問題は仕上がりに時間がかかること。どんなに速描きの人でも、絵の具が乾かなければ次に進めない。趣味で描く絵ではないから、短時間にたくさんの仕事をこなさねばならない。

その点、「マーカー」は速乾性で大変便利である。その代わり耐久性に乏しく、数ヶ月で塗られたマーカーは退色し始める。これで何百年ももたせなければならないような教会の壁画などは絶対に描けない。とはいえ油絵具のように、どんなに耐久性や発色がよくても、二～三日も乾かないのでは仕事が進まない。マーカーはわれわれには大変なじみ深い画材だが、もともとは「マジックインキ（商標名）」である。揮発性の溶剤に染料を溶かしたものをフェルトにしみ込ませて文字を書く筆記具なのだ。つまり「ちゃんとした絵」を描くために発明されたものではない。色数は少ないし、第一どぎつい。ただし、何にでも書けるし、速く乾く。それが最大の利点である。

・頭をよくするためのスケッチ

遠い昔、われわれ人間の祖先は立ち上がって歩く能力を身につけ、脳が発達し「知恵」が育った。重い頭は四つん這いでは支えられないから、背骨を支柱にして支えるようになったといわれている。さらに、立ち上がることによって、両手が自由に使えるという利点も生まれた。

直立猿人の脳の重さは三五〇グラムほどと推定されているが、われわれ現代人の脳は四倍の一・五キログラムほどもある。その大きく重くなった脳の三分の一は、手や指の動きを制御するのに用いられている。手指を使うことによって脳が発達したのか、脳が発達したから手指をうまく使えるようになったのか、「鶏と卵」の話のようだが、いずれにせよ手の動きと脳の関係が密接であることは間違いない。

さらに、立ち上がることによって視点が上がり、遠くを見ることができるようになった。強力な牙も爪もない人間にとって敵から身を守るために、遠くを見通して、その接近を早めに知ることは重要なことであった。

ヒトやサルを含む「霊長類」は、他の動物に比べて手や指が発達している。チンパンジーやゴリラ、オランウータンなどは、例えば、バナナを握って皮をむくことができる。「木の枝をつかむ」「棒を握る」といった動作は本能的な「動き」であるが、「バナナの皮をむいて食べる」というのは相当に複雑な動作であり、その行為からは「喰う」という意志と「そのほうが食べやすい」という知恵の存在を読み取ることができよう。

ヒトやサルは、手や指を単に「動かしている」のではない。「使っている」のだ。アルタミラの壁画を描いたクロマニヨン人は現生人類、つまりわれわれの直接の祖先であり、骨を振り回した猿人とは異なる。抽象的なイメージを具体的に絵に描き表すことは、非常に高度な知的作業であり、猿人には不可能である。

さらに、それに際しては手指を自在に動かし絵筆を操る必要があるから、これを毎日行っているデザイナーの頭がよくなるのは当然のことだ。私は自らの体験を通じて、手を動かしてスケッチを描くということは、頭を良くするための、最も望ましい優れた訓練方法であると確信している。

スピードが命

プロのデザイナーそれも上手な人の描いたレンダリング、それと学生が描いたレンダリングはどのように違うのだろうか。技量に圧倒的差があるのは当たり前だが、プロの描くようなレンダリングを学生が描けないかというと、そんなことはない。

デザインについてのさまざまなテクニックや画材についての情報は、昔と違っていくらでも手に入るから、学生でもプロと同じ画材や紙を手に入れることができる。ちょっと高価だが買えない程ではない。技法は本に書いてある、画材も手に入った、お手本としてプロの描いたスケッチも貸してもらった。それを見ながらじっくり描き込んでいくなら、ある程度レンダリングに慣れている学生がプロと同じレベルのレンダリングが描けるはずである。プロと学生の作品とを並べても、おそらくその違いは分からない。しかし、それらには見ただけでは分からない決定的違いがある。それは仕上がりまでのスピードだ。

現代のデザインスタジオでデザイナーに求められる能力は、「アイディア」「造形力」など様々であるが、それらに共通するのが「スピード」である。もちろん拙速であっては困るが、それでも、同じレベルの仕事の仕上がりだったら、速く出来上がったほうが評価は高い。じっくり腰を据えて……というやり方は今では流行らないのである。

誤解されると困るが、流行らないといっているだけで、このやり方がまずいといっているのではない。構想を練り上げ丁寧に仕上げることは大切なことだ。それでも、じっくり取り組んだものと同じレベルで早く出来上がるに越したことはない。そうすれば、構想を練る時間をもっとたくさんとることができる。

これは仕事としての効率の問題であって、やり方の「良し悪し」の問題ではない。職人の仕事であっても同じで、今は「ドゥ・イット・ユア・セルフ」の時代だから、器用な人だったら家だって自分で建ててしまう。この場合も「プロの大工」と「日曜大工」の差は明らかにスピードである。

一九五〇年代から六〇年代にかけて、世界中がモータリゼーションの洗礼を受け、自動車メーカー間の開発競争が激しくなった。当然それ以前と比べて開発機種が増えたから、デザインもどんどんこなさなければならない。絵の具が乾くのをのんびり待っている余裕がなくなったのである。

この頃にアメリカで発売されたのが、先ほど説明した「スピードドライマーカー」である。名前のとおり速く乾く。「マジックインキ」の色味を洗練させ、数を増やしたようなものであり、これと「ニューパステル」とが組み合わせて用いられ、厚手のトレーシングペーパーかベラムと呼ばれる表面処理した樹脂フィルムにスケッチを描く、というやり方が一般的になった。

こうした手法が六〇年代の終わり頃から、アメリカに留学したデザイナーによって日本に伝えられ、一般的な自動車デザインのやり方として定着していく。

そして現在、デザインの現場でもコンピュータ・グラフィックス（CG）が全盛となり、コンピュータのサポートなしにデザインもモデリングも設計もできない時代になった。デザインワークに対して、便利なものはどんどん取り入れるべきであると思う。

しかし、コンピュータを過信してはいけない。どんなに優秀であっても、心をもたないコンピュータに創造的仕事は絶対にできない。創造的仕事は人間の受け持ちであって、コンピュータはそのための道具にすぎない。肝心なのはこれを活用して、デザイナーにとって大事なクリエイティブな時間を増やすことなのである。

第8章 デザイナーこと始め

The first step for designers

「工業デザイナー」の誕生

第一次大戦から第二次大戦まで、一九二〇年代から三〇年代にかけての時代は、「マシン・エイジ（機械化の時代）」と呼ばれている。この時期のアメリカで、現在「デザイナー」と呼ばれる職業の人々は「デザイン・エンジニア」「クリエイティブ・エンジニア」などと呼ばれていた。「エンジニア」が「デザイナー」に変わったということは、当時から現代にかけて彼らの仕事は技術との関わりが減り、あるいはその関係が変化して、何らかの計画的決定が主な仕事となったことを表している。

アメリカの産業界は、一九二九年に始まる大恐慌による不況を、「デザイン」を上手く使って乗り切った。例えば、直接には商品に結びつかない「流線型」のイメージを電気掃除機や鉛筆削り器にまで取り入れ、消費者の購買意欲を刺激し、大量生産、大量販売を実現したのである。こうしたやり方は現在にまで続いており、まさにこの時代に、現在行われているようなデザインのやり方が生まれたといえよう。

同時にマーケティング・リサーチ（市場調査）による販売戦略立案が行われるようになった。この場合の流線型イメージをデザインに取り入れること自体が、マーケティング・リサーチの成果に他ならない。

マーケティング・リサーチを含めて、「マーケット（市場）に働きかけること」をマーケティングというが、普通、「営業」「物流」などは「マーケティング」とはいわない。「計画」「戦略」のような働きかけに限ってこのように呼ぶ。

先に述べたように、デザインには「計画」「企画」という意味がある。例えばインダストリアルデザインは、単なる工業製品のデザインを意味するのではない。意図的、計画的に市場に働きかけることを目的とした一連のデザイン行動のことをいう。品質や造形に優れたデザインの製品が必ずしもよく売れるわけではないから、マーケット（市場）の現実、つまりお客さんの好みや、世間の流行が無視できないということなのだ。デザインの対象となる「モノ」のほとんどが市場で流通する「商品」である以上、デザインとマーケティングは常に一体化していたし、社会の状況によってそれぞれに変化してきたのである。

先に例としてあげた鉛筆削り器は、流線型のイメージのデザインを施したおかげで大ヒットとなった。このときに流線型のイメージを取り入れようとしたのはデザイナーである。彼が独自に流線型に先進性を感じ、それを取り入れればヒット商品になるであろうと考えたのだ。

しかし、なぜ流線型であるかという客観的理由を説明するのは困難である。これは、デザイナー自身の「考え方」、「こころ」、「価値観」、「社会観」などにもとづくものであったはずであり、流線型の採用は、いわばデザイナーのセンス、さらにいえば思いつきによるものであったはずだ。

古いマーケティングの考え方は、まず最初に商品があり、どうやってそれを、生産者からお客さんの手にスムーズに渡すか、つまり、たくさん売れるかを考えることであった。この時代においては、そうしたことの手助けがデザイナーの仕事の一部ともなっていたのである。「今の世の中のお客さんは、先進的なものに憧れているに違いない」、「今、最も先進的なフォルムは流線型である」、「だから、鉛筆削り器にだって流線型を取り入れれば、先進に憧れるお客さんに喜ばれるはずである」と昔のデザイナーは考えたのだ。

だが、なぜ流線型なのか、他のイメージではなぜいけないのかについて、明確に論理的に説明することは誰にもできない。デザイナーが特別なセンスの持ち主であったということであり、これにもとづく彼の勘によって流線型が採用されたのである。

マーケット・リサーチ

たまたま「流線型の鉛筆削り器」は成功したが、いつでもデザイナーの勘が当たるとは限らない。はずれることもあるわけで、企業にとってこれでは困る。そこで、それまでは創造的人間の勘によって捉えてきたお客さんの要望、あるいは社会の動向を、さまざまなマーケティング・リサーチの手法を駆使して把握するようになった。

それが組織的に、かつ大規模に行われるようになってくると、デザイナーの仕事の一部として行うのは困難になり、これらは専門家の仕事となった。さらに、デザイナー自身がこうした結果をもとに、デザインの方向を決定づけるようになってきている。

商品は、たくさんの過程を経てお客さんの手に渡るものである。市場を調査し分析し、その結果をもとに、技術的可能性と収益性を検討して新製品を企画し、デザインし設計して、試作と実験を繰り返し、生産し、問屋や代理店に運び、さらに小売店に運搬して陳列し宣伝して、ようやくお客さんの手に渡る。

このような「商品つくり」の最初の段階として、マーケット・リサーチは欠かすことができない。だが、これだけで世の中のすべてが分かるはずはない。マーケット・リサーチは統計的解析手法の一種であるから、その結果は数字で表されるが、その数字から、人々の暮らしに必要な新しい商品が何かを読みとるのは至難の業といえる。

それでもこのリサーチは、市場の一般的傾向を大掴みに捉えるのには優れた方法であるから、例えば、営業戦略の立案などには大変有効だが、この結果からデザイナーの創造力が刺激されて新しいものが生まれるか、というとそううまくはいかない。

「マーケット・イン」と「プロダクト・アウト」

マーケティング用語に、「マーケット・イン」と「プロダクト・アウト」という言葉がある。ある商品が、市場（お客さん）の要望を取り入れたものか、メーカーの事情よって作り出されたものかということである。優れた商品にとっては、「消費者主導」「メーカー主導」のどちらの場合も考えられるから良し悪しの問題ではないが、私は「商品」である以上どちらかというと「マーケット・イン」であることが望ましいと考えている。

商品開発は一般的に、企画立案から、商品がお客さんの手に渡るまでを指し、その過程を「開発フロー」とよぶ。しかし私は、これを「流れ（フロー）」ではなく「環（ループ）」とよぶべきであろうと考えている。お客さんの声をもとに商品開発を行い、行きわたった商品についてのお客さんの要望を再び新商品に活かす、つまり開発の流れの両端にお客さんがいるわけだから、これを結んで環にするというのだ。

企業は、世の中の動き、お客さんの好みなどを調査し、その結果を企画部門、開発部門、営業部門、デザイン部門などにフィードバックして、企業戦略のさまざまな部分を時々刻々修正している。

しかし、調査の対象となるお客さんのニーズのすべてが、お客自身によってつくられているわけではない。現実にはお客さんの要望や欲求（ニーズ&ウォンツ）は、企業（つくり手）からの絶え間ない働きかけによって形成されるものだ。テレビや雑誌や新聞といったマス・メディアは四六時中、流行に関するメッセージを送りだし、映画や音楽が先端的メッセージを発信し、店には先進的商品が溢れ、流行のファッションを身につけた人々が街を歩きまわって、同様のメッセージを発信している。現代では街そのものが、強力なメッセージを発信するメディアの一種と考えられよう。

商品開発のループは、最初の企画から最終段階の販売との間で、マーケティング・リサーチによって結ばれている。さらにそこへ新技術とか新素材などの「シーズ（タネ）」が加えられて、このループはさらに高度に複雑になってい

商品開発の流れ（フロー）

商品開発の流れ（ループ）

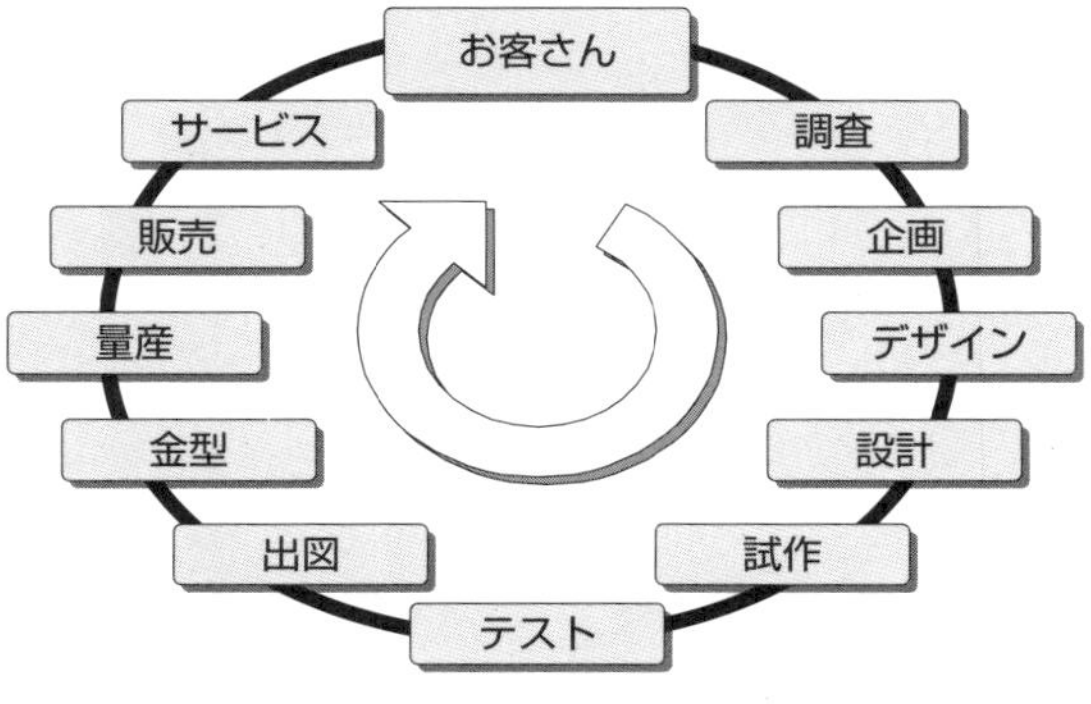

く。

商品開発には、企画マン、デザイナー、エンジニア、セールスマン等々いろいろな職種の人々が関わっている。これらの人々それぞれがお客さんの声に耳を傾けているわけだが、お客さんの生の声や言葉は数字に置き換えられないものだから、場合によってさまざまな解釈が可能となる。つまり、開発に関わる各人の考え方は違うから、その立場や視点が優先してしまい、お客さんの本当の声が伝わらないことがままあるのだ。

市場調査の結果を活用する際に注意しなければならないのは、まず、結果をストレートに受け取ることである。人は往々にして無意識に自分の都合のよい解釈をしてしまいがちだ。調査結果は多くの人の意見を集約するのだから、すべてが同じ意見ということは絶対にありえない。必ず「白」であったり「黒」であったり、あるいは「赤」であったりするわけである。

ところが、例えば、「白」であって欲しいと思っているか、あるいは「白」が好都合であるという人は、「白」と答えた人の意見ばかり見てしまい、意図的に無視するのではなくても、他の意見が耳に入らなくなるものだ。「白と答えた人がいた」というのは、事実であって決して間違いではない。だが、世の中を正しく表しているわけではない。

デザイナーには、いろいろなものの見方が必要であり、世の中の動きに敏感であって欲しい。常に客観的でないと、先の例のように、情報やデータに接したときに偏った判断をしてしまいがちなのだ。時として、こうした偏りが「デザインの味」とか、「不思議な面白さ」に通じることは否定できない。しかしこれは、「どんな形にすればよいか」と考える段階でのことであって、調査・分析をもとにお客さんの気持ちを探ろうとする場合に、こうした偏った見方が生ずるのは困るのである。

ホンダでは、日常お客さんに接することがない職種、例えばデザイナー、エンジニアなどが、こうした方々の生の声をできるだけたくさん聞くようにしていた。そのような機会での、製品に対するお客さんの生の声（誉められることはあまりなく、お叱りや苦情が多い）は、どのような調査分析にもまして開発者にとって刺激になるものである。

ただ、注意しなければならないのは、先述のように、こうした生の声が世の中全体の傾向を表しているかというとそうではない。自分の耳で聞く「生の声」はたしかに事実に違いないが、必ずしも多くのお客さん全体の傾向を代表するものではない。

直接の苦情やお叱りの印象は強烈であり、特にこのようなことに慣れていない若いデザイナーやエンジニアは、こうした意見に引きずられがちである。「市場調査」にしろ「生の声」にしろ、重要なのは、いろいろな見方・やり方で客観的事実に近づくことだ。

こんな例え話がある。二人の人間がいた。二人とも「モノ」をつくる人間である。どちらも大変に腕がよく、素晴らしい仕上がりの「モノ」をつくることができた。ところがひとりは大変な自信家で、自分のつくるものに絶対の自信があって、他人のアドバイスを聞き入れようとしない。世間の人たちが「そんなものは要らない」とか、「もっとこうしたら」というような声に決して耳を貸さないのである。もうひとりは、自分が何をつくっていいのかさっぱり分からず、いろいろな人に尋ねてまわるが、聞く人ごとに意見がちがうから混乱してますます分からなくなってしまった。

この例え話は「マーケット・イン」と「プロダクト・アウト」の極端な例である。実際の商品開発でこれほど極端なことは起こらないが、これに近いことは意外に多い。

T型フォードは、当時としては大変に優れた車であった。そして、この車に絶対の自信をもっていたヘンリー・フォードのやり方・考え方は、「プロダクト・アウト」の典型といえる。

よくいわれることだが、「よい製品」が必ずしも「よい商品」とはかぎらない。T型フォードは最後まで「よい製品」であったことは間違いない。しかし、その末期には「よい商品」としての条件を満たしていたとはいえない。ヘンリー・フォードは敬虔なクリスチャンであり愛国者であり、さらに非常に優れた技術者であったが、ストイックな性格の分、世の中の動きや一般のお客さんの「よい商品」を求める気持ちが理解できなかった、あるいは無頓着であったのであろう。

「モノ」の機能を極限までに追求し尽くしたなどという製品が、普通の人の普通の暮らしに必要とは思えない。それよりも、必要充分な機能と心豊かになるデザインの「モノ」に多くの人が惹かれるのだと思う。

だから私は、やはり優れた製品は「マーケット・イン」に根ざすべきであり、それを実現するための「プロダクト・アウト」が必要であろうし、また的確な「マーケット・イン」のためには、デザイナーをはじめとした、モノつくりに関わるすべての人々の客観的なものの見方が不可欠だと思っている。

経営者のデザイン感覚
（N360のメッキバンパー）

ホンダに入社して数年が経ち、「N360」という軽自動車のバンパーのデザインをしていたときの話である。今の車のバンパーはプラスチック製で、車体と同じ色に塗られることが多いが、その頃のバンパーは金属製で、これをピカピカにメッキして少しでも豪華な雰囲気を出そうとしていた。当時の自動車各部分の表面処理に人件費が安かったせいもあって、「メッキ」「バフ（磨き）」「塗装」の順番でコストが高かったのである。今では「バフ」「塗装」「メッキ」の順番で人手のかかる順になっているが……。軽自動車はもともと値段が安いから、コストの高いメッキ部品をたくさん使うことができない。それでも「メッキのバンパー」は、N360の車体についている部品の中で最も目立つものであったといえる。

N360のデザインをすることになった私はこう考えた。「メッキはピカピカ光るし、鏡のように周りの景色がよく映る」「あまり、ギラギラ光ると品がない」「太陽の光を反射して光る部分と、地面を映して暗くなる部分のコントラストをつけて見た目を引き締めよう」と思ったのである。

N360の鉄のバンパーの断面は、アルファベットの「Uの字」を横にしたような形であった。だから、前面を少し下に向けて暗い地面を映し、日光を反射する部分とのコントラストを強くしようと思ったのである。それに自動車の車体というのは前後左右ともに下すぼまりにできているから、バンパーの両端と車体との関係もうまくいくであろう、とも

N360のメッキバンパー
マーケティングの発想にもとづくメッキバンパーの採用

考えた。要するに、当時の日本の大型車であるクラウンやセドリックのもつ、太くて豪華なメッキバンパーと同様のデザイン処理をしようと目論んだのだ。

ところが本田さんの考えは違っていた。私が下向きにした縦の面（前面）を上向きにせよとおっしゃるのである。その理由は、「メッキの部品はピカピカしている分だけ高価である。高いお金を払ってくださるお客さんはそのピカピカを期待しているに違いない。面を上向きにしておけば、明るく光って高く見えるものを、わざわざ下に向けて暗い地面を映し込むなど、もってのほかである」ということであった。なにしろ、社長と入社したばかりの若造だから議論になるはずもなく、「そんなものか」と納得して本田さんのおっしゃるとおりに修正したのだが、バンパーの両端と車体とをうまく繋ぐのに大変苦労したことを今でも覚えている。

私の考え方は、格好良いデザインの自動車についてのものであり（今でも純粋にデザイン的には、私のやり方のほうがよかったと思っているが）、本田さんの考え方は広い意味でのマーケティングの発想にもとづくものであったのだ。これに気が付いたのは、それから何十年も経って、本田技研の経営の一翼を担うようになり、商品のデザインを経営者

本田宗一郎とN360
ホンダ初の軽乗用車、大人４人がきちんと乗れ、軽自動車としては類を見ない居住性を確保した

的感覚で捉えることができるようになってからのことである。

「お客様」満足デザイン

「お客さん」と「企業」との両方が満足する関係とは、「好みの商品を手に入れること」と「商品を販売して利益を得ること」が満たされる場合だ。この関係をつくりあげるため、アイディアをひねり出し、製品を開発して価格を決定し、宣伝し広告して流通経路とお客さんへの働きかけを計画・実行する過程は、企業活動のほとんどすべてといえる。現代の企業におけるインダストリアルデザインは、こうした戦略と開発の主役を演じることができているといえるか、と今一度問い直してみたい。

企業間の商品開発競争において、「新技術」「新素材」は決定的な働きをしていると思うが、それらにとって代わる新しい技術なり材料などがすぐに開発されるし、何よりも、社会が動くスピードは昔よりずっと速いから、いかなる「新技術」や「新素材」であっても、あっという間に陳腐化してしまう。つまり、今の世の中で新技術や新素材を独占する企業の優位性を長期間持続することは、困難になってきている。結局、「新技術」や「新素材」とは無縁の商品と同様に、本質的機能の点での差がなくなっていくということだから、商品の優劣という考え方は時代遅れになり、優劣というよりもその差異は、イメージの違いでしか表せなくなっているのである。

こうした市場では、商品のイメージの方向を決めるのはユーザー、それも多数派の人々である。先ほど説明したように、こうしたイメージの方向はマーケット・リサーチの結果に含まれて企業にフィードバックされる。だが各メーカーともに、同じような専門家に依頼し、同じような手法による調査をしているから、同じような結果がフィードバックされることになってしまう。だから、どのメーカーの製品も似たようなものになってしまうという現象が起きがちである。マーケティングを重視する「モノつくり」のやり方をする限り、これは当然の結果といえるだろう。

自動車、家電製品あるいはその他の製品においても、こうした傾向から逃れられない。「モノつくり（商品つくり）」のやり方の流れを、お客さんで結ぶループにすることは、今のところ最もよい方法であると思う。だから、もし、こうした傾向から脱しようとするなら、ループの構造自体を他社と変える以外にない。

少し前までのマーケット・リサーチでは、お客さんを年齢、性別、収入、職業などの属性で分類してきた。こういった属性は、いわば固定された切り口というべきもので、お客さん自体を分類するには好都合でも、これらに属するそれぞれの人の気持ちや考え方を表すものではない。

それでも以前は、こうした年齢、性別、収入、職業などで分類された人々が、それぞれ特有の傾向を示したものだが、価値観が多様化した現代では、調査結果にこうした傾向を見いだすのは困難である。そこで、近頃の調査方法ではこれらの分類に加えて、人々の「美意識」「価値観」「人生観」「ライフスタイル」にまで踏み込んで細かく分けるようになってきた。ここまでやらないと、移り気で多様な考え方をもつ現代の人々の要望を把握することができなくなってきたということである。

こうした傾向に対して、デザイナー自身の「美意識」「価値観」「人生観」「ライフスタイル」が問われている。よい「モノ」をつくろうと思うなら、自分自身の心をよくしなければならない。似たような製品の、ちょっとした差が問題になっているから、デザイナー自身が、「違いが分かる目利き」であることが重要である。それでも、デザイナーの「勘」や「ひらめき」ばかりに頼ることは危険であるから、マーケット・リサーチだが、今後の「モノつくり（商品つくり）」にとっての重要な武器であることには変わりはない。デザイナーのクリエイティビティは、これらをうまく組み合わせることによって育っていくものであろう。

お母さんのおにぎり

私は常々、「商品つくり」は、「お母さんのおにぎり」のようなものだと考えてきた。子供におにぎりをつくる母親は、もちろん心を込めてつくるが、さらに子供の好みや、いつ食べるのか、果てはその子の口の大きさまでよく知っている。これは「マーケット・イン」そのものといえよう。

一方、そうした子供の好みを満たすおいしいおにぎりを、食べやすい大きさで必要充分な個数で、あきさせないよう具に工夫をこらし、さらに食べ物が傷みやすい時期にはそうした配慮を、というのがお母さんの「プロダクト・アウト」になるのだろうと考えている。

モノつくりの技術に優れ、自信をもっている企業ほど、「プロダクト・アウト」の弊害に陥りやすいものだ。私は、製品開発は「マーケット・イン」に依るべきであるし、そうした視点で新しい技術の可能性を探るべきだと思う。

これは、決して世間に媚びることではないし、技術の進むべき方向を曲げることでもない。織物には縦糸と横糸の張り具合のバランスが重要なように、「モノつくり（商品つくり）」でも「マーケット・イン」と「プロダクト・アウト」のどちらに偏っても、よい「モノ」はできない。もともとわれわれ日本人は、こうしたものごとのバランスをとるのが上手であったはずだ。
茶道の完成者、千利休の逸話にこういう話がある。あるとき、利休は息子の千少庵に、来客の予定がある林の中の茶室に通じる小径の掃除を命じた。少庵が、小径をきれいに掃き清め出来上がったと報告すると、利休はやり直しを命じた。少庵はさらにきれいに掃き打ち水までして再び報告すると、利休はかたわらの楓の木を揺すり、赤く色づいた葉を小径に散らしたのである。秋の季節、林の中の小径に落葉の一枚もないのは不自然であるとした。千利休の求めたのは掃き清められた清潔さだけではなく、自然な美しさであったのだ。

どんなに機能的に優れた「モノ」であっても、人間に馴染みにくい「モノ」というのがある。謹厳実直、品行方正な人と付き合ってもあまり面白くないように、人間的深みを感じるにはやはり「色気」が必要である。「モノ」の機能は論理的に研究することによって、いうならば「プロダクト・アウト」的に高めることができる。ところが、人に好まれ、受け入れられるような「モノ」は、論理的に考えてもつくり出すことはできない。人々の暮らしや生活を実感しようとする「マーケット・イン」的発想がない限り不可能であろう。

第9章
デザイニングこと始め―1

The first step for designing

点・線・面・形、そして姿へ

・「モノ」を描く

われわれが何か「モノ」の形を描こうとするとき、どういう手順で行うのであろうか。まず白い紙を用意し、鉛筆をもつ。次に頭の中に浮かんでいるイメージのどこから描き始めるかを決める。最初に紙と鉛筆が接触する点がそれである。その「点」を始まりとして鉛筆を移動させると「線」が描ける。それが「モノ」の輪郭となる。対象が立方体のように特殊なものであれば輪郭は直線だけで描き表せるが、この世の中のほとんどの「モノ」は、曲線の組み合わせが必要になる。人工のものならともかく、直線だけで描き表せる自然の「モノ」はまずない。

初めてクレヨンをもった小さな子供もアルタミラの壁画も、輪郭を描いてモノの形を表そうとしているから、こうしたやり方が人間にとって最も基本的なモノの描き方なのであろう。

だが、輪郭が全部描けたとしても立体が表現できたとはいえない。立体は「面」で構成されているからである。何とかして「面」を書き表さなければならないのだが、これを鉛筆の「線」だけで行うことはかなり難しい。紙の上の「線」は、輪郭や立体の折れ目や色の境目をかろうじて表すことができるにすぎないからである。「点」が移動して「線」が生まれるように、「面」は「線」が移動して生まれる。だから、無数に線を並べて描けば「面」が表現できる理屈だが、紙の上で単純にこれをやるとまっ黒になるだけで訳が分からなくなってしまう。

われわれは点から線、さらに面を描く、という手順を経て「形」を表現しようとする。点は「存在」のみを表すが、線はそれに「流れ」が加わる。面は「広がり」をもち、さらに「明るさの変化」を伴っている。紙の上に鉛筆で面を表現するには、この明るさの変化を利用するのだ。

具体的には、並べた鉛筆の線の粗密、あるいは塗りつぶした濃さの違いによって明るさの変化を表すのである。紙の白さ以上の明るさは表現できないから、これを最も明るい部分とし、鉛筆でべったり塗りつぶした部分を最も暗い部分として、その間の何段階かのグレーのトーンを描いていく。そしてこの作業を終えてはじめて「形」が描き表せたことになる。

・表面と中身

ところが、このようにしてわれわれが描くことができるのは、目に見えるモノの「表面」の形、色、明るさの擬似的な変化に過ぎない。重さをもった「固まり」としてのモノを紙と鉛筆で直接表現しているのではないのだ。デザインの現場で描かれる「スケッチ」が「表面」を描いてモノを表現しようとしているのは、まず「形の説明図」であることを目指しているからに他ならない。「重さ」や「固まり」は目で見えないから、これを絵で表現することはできないからだ。絵で重量感や固まりの感じを表すには、別のやり方が必要となる。

一般的に、人間は小さなものより大きなもののほうが重いということを経験的に知っている。小さくても重いものはたくさんあるから、この経験がいつでも当てはまる保証はないが、おおむねこれは正しいといえよう。同様に、丸っこいぬいぐるみを「可愛いらしい」と感じ、先の尖ったロケットを「速そう」と感じ、青っぽい色を「冷たそう」と感じるなど、こうした人間の心理や共通な経験的記憶を期待して絵が描かれ、デザインが進められるのである。

・目と頭

さて、これまでは「モノ」を描く手順について述べてきたが、次に「モノ」を見てそれが何であるかを認識する手順を考えてみることにしたい。

実は、これはかなり難しいテーマであり、これを専門に研究している学者もいるくらいであるから、この先は私なりの考えである。

例えば人が、目の前の物体が自動車であって電車ではないと感じることは、個々の物体に対する記憶に基づいている。その記憶がどの程度確実なものであるかは別として、それと照らし合わせ、人はまず、それが自動車であることを知る。自動車マニアが何年型の何という車種であるかまで理解する場合も、赤ん坊が「ブーブー」と喜ぶ場合も、自分の記憶と照合した結果であるという点では同じである。

人間は多くの情報を目から得ているが、それは見えている直接の情報だけで、そのものを認識し理解しているのではない。例えば、道に一〇〇円玉が落ちていたとする。これを真上からみれば「円形」であるが、普通そのようには見えず、多くは斜めに見ることになるから「楕円形」に見えるはずである。それでも、われわれはそこに落ちているのは、「楕円形」ではなく「円形の一〇〇円玉」であると認識し理解する。視覚情報とすでに知っている一〇〇円玉のイメージとを照合し、落ちているのが一〇〇円玉であると理解するから、「楕円形」に見えていても、実際にそれは「円形」であると頭の中で修正することができる。

これと同じように、目の前の物体が自動車であると理解した時点で、人間は実際に目から得た情報に加え、それまでの経験にもとづく知識を使ってその物体（自動車）に対しての理解を深めるのだ。自動車マニアと赤ん坊とでは、クルマに対しての知識と経験に大きな開きがあるから、その点での理解度には差があるが、それでもやはり「自動車」「ブーブー」という本質的な理解に変わりはない。

頭の中で、「目の前の物体」と「自分の記憶にある自動車」とを比較する場合、多くの一致点があるから対象物は自動車であると判断した後、認識されるのは形全体の中で特に目立つところ、つまり、光っているとか目新しい形をしているとか、分かりやすいポイントである。「色」や「大きさ」もそうだが、これらは自動車に対しての知識が少なくても違いはよく分かるものだ。

デザイナーがある目的をもってある製品のデザインをした結果、他の物との違いが生まれた、というならそれは本質を活かした新しい物として評価されるであろう。しかし、他と違えることのみを目的としてデザインするなら、奇妙で不思議なモノが出来上がるかもしれないが、その「モノ」として長生きすることはまずない。仮にそうなったとしたら、それは出来上がった時点で新しい別なモノが生まれたというだけのことである。これはこれで成功という見方もできるかもしれないが、デザイナーにとって決して名誉なことではない。

普通は、目の前の物体が自動車であると分かれば充分だが、多くの人は得られた視覚情報をさらに発展させて、その自動車についての理解を深める。幅広く低い車体のクルマであれば「速そう」と感じ、大きくて落ち着いた色に塗ってあれば「高価そう」と感じるものだ。デザイナーは、視覚情報（見た目）をもとに、人間が「モノ」についてどのように感じるかという知識をたくさんもっている。それらを駆使し組み合わせて、人々を楽しませ、気分をよくし、さらには心豊かにする。デザイナーは、やはりマジシャンであるといえよう。

こうしたデザイナーの知識は経験によって蓄積されるものだから、ベテランのデザイナーはその理由についてもよく知っている。「速そうなクルマ」「頑丈そうなクルマ」「高価そうなクルマ」、人はなぜそのように感じるのか、そのように感じさせるにはどうしたらよいかについてだ。

よくあることだが、何かの新製品を見て「おお、格好いい」と感心するとき、気に入って是非とも欲しいと思った人は店に急げばよいのだが、デザイナーはただ感心しているだけでは困る。「格好いい」ならば、どこが格好よくて、なぜ格好いいのかが分からなければならない。自動車でいうなら、「車体の面に筋肉質な張りがあるから丈夫そうに見えるのだ」とか、「全体に丸みがあって温かみがあり親しみやすさを強調しているのだ」、という具合にである。

特に訓練を積んだデザイナーはこうした理解に至る過程の時間が短く、「形」全体を認識して、なぜそうなのかを瞬時に理解することができるものだ。自分のアイディアを絵に表す場合も同様であって、部分を積み上げるように描かず、対象全体がどのようなものであるかを一気に表現できるのである。

こうした点で、自動車に対する知識の豊富なマニアと、「ブーブー」といって喜ぶ赤ん坊とでは、おそらく赤ん坊の理解のほうが自動車の「本質」により近いのであろう。この部分がこうで、あの部分がああであるからこれは自動車である、と赤ん坊は思わない。一気に全体を絵に表現できる腕のよいデザイナーと同じような捉え方をしているのだと私は思っている。人は成長するに従って多くの知識を蓄えていくものだが、時として、その本質が多くの知識に埋もれてしまう場合がしばしばあるものだ。

デザインには二とおりのやり方がある。「モノがもつ本来の機能をどう見せるか」と「本来の機能を備えたモノをどう見せるか」ということだ。自動車に限らず多くのプロダクト製品はこのどちらかのやり方、あるいはこれらを組み合わせたやり方でデザインされている。

経験的にいって、ユーザーに飽きられず息の長い製品は多くの場合前者であろう。ただし、こうした製品は話題になることも少ないし、「大ヒット」する場合も少ないものであり、後者はこれと反対である。もちろん、どちらが優れたやり方であるといっているのではない。製品によってデザインの方法、考え方がいろいろあるのは当然であろう。

・姿と形

「すがたかたち（姿形）」といわれるが、私は勝手に「姿」のほうがより上位の概念であると決めている。さまざまなモノについて、形が整っているとか、美しい形だとかいわれることがある。これらは外形を評価したいい方であるが、人によって評価の基準はまちまちで、形同士を比較しても、どちらが美しいのか整っているのか、本当のところは分からない。私が、これらよりも「姿」を上位にしたのは、それが形と人の心との関わりを表したものであると解釈しているからである。

ある製品が、ユーザーに「親しみやすそう」「丈夫そう」と評価された。デザイナーがそうした意図をもってデザインし、その結果ユーザーがそのとおりの反応を示した。製品が本来、「親しみやすそう」「丈夫そう」なのではなくて、そのようにデザインされたからである。「どうです。親しみやすい形でしょう」「おお、なんと親しみやすい形なんだろう」と、デザイナーとユーザーは製品を介してコミュニケーションしている。このようなつくり手の気持ちや考え方、こころが読み取れるような「モノ」に備わっているのは、「形」ではなくて「姿」なのだと思う。

認知心理学という人の心の仕組みを研究する学問がある。脳のメカニズムと人の精神がどのように関連しているか、つまり「脳の原理」を明らかにしようとするものだ。

認知心理学には「階層性」という考え方がある。これは人が認識したものを、心の中のイメージとして構築する場合、単純なものから、より複雑なものへと段階をふんで構築していく性質のことである。この認識は部分から全体へ、点・線・面というような順に行われ、一旦認識された後、人は単純なものから順に刺激を受けなくなっていく。これが「飽きる」という状態であるが、人がそれらに何らかの意味を感じている場合、つまりそれが、先述の「形」ではなく「姿」であるなら飽きることはない、というのが私の説である。

この世のすべての「モノ」は「形」をもっているが、そのような「モノ」に人の心が働き手が加わることによって、はじめて「姿」が備わるのではあるまいか。

流行とデザイン

・はやり

新しい「考え方」や「やり方」が社会に広まり、それらを一時的に受け入れる人々の数が一定の数になった状態、これが「流行」の定義である。「新しいこと（ことがら）」と「一時的」というのがその特徴であるが、流行は必ずそのときの社会状況を背景にしているといって間違いはない。

大衆社会では、人々は周囲に同調しないと不安を感じるものであり、本来の自分の嗜好と異なるものであっても、新しい思考様式や行動様式を受け入れるものだ。世の中に生きるすべての人々の数と同じだけ「周囲」が存在しているから、その一つひとつを検証する術はないが、それらが集約されたものを「流行」と捉えることができよう。

「流行」とは不思議な現象で、人々はこれを取り入れて周りに同調したいと思うと同時に、矛盾するようだが、これを受け入れることによって、そうではない他の人と違う自分を実現したいとも思うものだ。人に先駆けて流行を取り入れようとする気持ち、流行に遅れまいとする気持ち、これらはそうした現れであり、多くの場合こうした気持ちが優先され、実際の流行はどのようなものであるかは問題とされない場合も多い。

「流行」は欧米で、モード、ファッション、ブームなど、いろいろないい方がされている。有名な「二条河原落書」が「此頃都ニハヤルモノ」という書き出しであったように、日本にも昔から「世間には流行（はやり）という現象がある」という人々の認識が存在した。

「流行」は時とともに変化する。人間の日常のほんの少し異なった考えや行動が、何かのきっかけによって多くの人々に広まっていく。こうした社会現象をわれわれは「流行」と呼んでいるのだが、「何かのきっかけ」が、果たしてどのようなものであるかはよく分からない。

英語で「ファッション」、フランス語で「モード」、ともに「流行」という意味である。ただし、この言葉は単に「流行っている」というだけの意味を表しているのではない。特に日本では、「流行」「ファッション」「モード」のそれぞれのことばが使われており、ともに「流行（はやり）」という意味を表している。「流行」は社会全体へあまねく広まった、ただし一過性の現象、「ファッション」はある特定の志向の人々の間に受け入れられる現象、「モード」は本来の意味である「様式」として社会に普遍化される可能性を含んだ現象、と私は考えている。

・「ムード」から「モード」まで

ムードのあるものはファッションをつくる、ファッションのあるものはスタイルをつくる、スタイルのあるものはモードをつくる、以前、そのようなことを何かの本で読んだことがある。たしかに、「何かを感じるもの（ムード）は流行（ファッション）り、誰もが真似をして一世を風靡（スタイル）し、それが定着（モード）したところで次の新しいものが出てくる」、そんなサイクルがあるようだ。デザイナーは目に見えるものばかりに気を取られないで、見えないものをデザインすることが大事なのかもしれない。

例えば芸能界の新人をわれわれ素人が見ても、売れそうな人とそうでない人は大体分かる。決して、姿、形だけではない「何か」を感じてのことだ。さしずめそれが、「雰囲気」とか「オーラ」というところなのだろうが、これがどうしたらできるのか、つくれるのかを探れば、売れる商品をつくるためのヒントが掴めるのかもしれない。

「心身一如」という言葉がある。「身体」は見えるが「心」は見えない。心と身体を一つにするには、まず、見えない「心」をデザインすることになるはずだ。すなわち車なら「ボディ（車体）」と「ハート（エンジン）」。そういえば、車を開発中に、「ハートのある車をつくろうよ」とチームのみんなで語り合ったことを覚えている。

流行にピタリと適合した商品、流行をつくりだす商品、こうした商品を開発すれば莫大な収益をあげることができる。そのため企業はさまざまなマーケット・リサーチの手法を駆使して、それがどのようなものであるかを探ろうとするが、これは大変に難しい。それでも、意図してこうした商品開発に成功している企業も少なくない。

そうした商品の成功の原因を考えてみると、ある共通項に気付く。それは、それらが「流行」そのものをつくりだしたというよりも、流行のきっかけをつくりだしたのではなかろうかと思われる。具体的に「きっかけとは、これだ」とはっきり分かるなら、それを起こす商品をつくれば大儲けなのだが、そううまくはいかない。

消費者は移り気で、こうした人たちが求めるものがどのようなものかを個々に探ろうとしてもまず分からない。仮に分かったとしても、その嗜好がどのくらいの期間続くかも分からない。「これだ」という商品が世の中に出た時点で、大衆の好みがすっかり変わってしまっていた、などということは日常茶飯事である。先に述べたように、人々が他人に同調したい欲求、さらにはこれによって他人との違いを強調したいという欲求、それぞれが相反する欲求であるから、これらを含む「流行」がいかに不思議な現象であるかが分かる。

昔、松尾芭蕉は「不易流行」と説いた。私としては「流行」ではなく「不易」であってほしいが、現代のデザインの対象とするほとんどが消費されるべき商品である以上、「流行」と「デザイン」とは切り離せない関係にある。そうした視点から、われわれのデザインは、「流行のきっかけをつくるもの（商品）」を目指すべきであろう。

第10章

デザイニングこと始め―2

The second step for designing

生き物の形とデザイン

・自然と人工物

大昔、人間は、猿から分かれたばかりの頃から、未知で不可解な自然の現象や、山や森や海や空といった自然に対して恐れや憧れを抱いてきた。山や太陽のように、特に大きなものや光輝くものは、神とあがめられ信仰の対象となった。こうした憧れは人間の本能にもとづくものであり、それらに少しでも近づきたいという想いが装飾の原点だと思う。

このような観点からいうならば、現代におけるデザイン的洗練とは、かなり屈折した趣味嗜好の行き着いた先といえる。ただし見方を変えるならば、デザインという概念自体が人間の知的文化的発達とともに構築されてきたものであり、「わび」「さび」「粋」といった日本的洗練などが、ある種の究極の文化的側面を表している、ともいえよう。

やっと目が見えるようになった赤ん坊が何にでも興味を示すように、人間は珍しいものに好奇心をそそられるものだ。金や銀や宝石が珍重されたのは、これらが光輝くからだけではなく、稀少価値にあったことは理解できる。産業が盛んになった近代になって初めて人々が目にした「モノ（工業製品）」は枚挙にいとまがないが、かつてはアルミニウムでさえ貴金属としてもてはやされたほどである。それまで、この世に存在しなかった工業製品に人が惹かれるのは当然であった。

ドイツのケルン市を流れるライン川の近くに大聖堂（ドーム）が建っている。この大聖堂は一種の人工の極致を表している。地面からそびえ立った高さ一五七メートルにおよぶ垂直の石の壁は、グランドキャニオンを彷彿とさせる。大聖堂は一八八〇年の完成まで実に五六〇年の工期を要し、無数の装飾に彩られた巨大な石の壁は、どのような人にも何らかの感動を呼び起こさずにはいられない。完成当時のキリスト教徒は、特別の感慨をもって見上げたことであろう。

だが、これは信仰の有無とは無関係である。そうした感慨は、人間の年齢や性別、国籍、文化、生きている時代などの違いを超越した「普遍的な何か」にもとづくものであり、美術や文学、そしてデザインが求めてきたのが、まさにこの「普遍的な何か」であろう。

二〇世紀に入ってから、「ケルンのドーム」に匹敵する建築物がニューヨークに出現した。ガラスカーテンウォールを採用した数々のビルである。ケルンのドームがそそり立つ石の壁なら、こちらはそそり立つガラ

ケルン大聖堂
ドイツのゴシック建築を代表するケルン大聖堂

スの壁である。ガラス自体は千年以上も昔から用いられてきたが、全面ガラス張りの高層ビルは人々の度肝を抜いたに違いない。これこそ自然界には絶対に存在しないものである。自然界に存在する透明で平らな面は、静かな水面以外にない。凍った滝にしろ氷柱にしろ、そそり立つガラスの壁にはほど遠い。ケルンのドームが神の威光とキリスト教社会隆盛の象徴であるなら、ガラス張りの高層ビルは、近代産業社会の繁栄の象徴として人々に受けとめられたに違いない。

・富士山のかたち

二〇年近く前、私たちが仕事をするデザインルームに遊びにこられた本田さんが、「日本人は、なぜ富士山が好きなんだろうね」とおっしゃった。ずっと昔から、本田さんの問いには即答する、というのが私の身体に染みついているから、咄嗟に「美しいからじゃないでしょうか」と、あまり上手ではない答えをした。するとさらに、「どこがどういう風に美しいんだい」と聞かれて答えに窮した。

小さい頃から、たびたび富士山を絵に描いてきた。奈良の三輪山の優しい美しさも好きだけれど、富士山の厳然とした美しさは、年を重ねるほどに好きになった。

富士山
人々の信仰を集め、優しくまた時には厳然とした美しさで安心感を与えてくれる

富士山は周囲に山がなく全体の姿が見渡せる。それによって、繰り返された噴火で形づくられた稜線の対称な放物線がよく分かるのだ。葛飾北斎、林武といった時代を代表する画家たちが惹かれた理由もその辺にあったのであろう。さらに、対称形の富士山は目に見えない正中線を内在し、人に安心感と安定感を与えてくれる。

富士は古くから、浅間信仰などとともに信仰の対象とされ、修験の行者が登拝していた。江戸時代には庶民に「富士講」と呼ばれる富士山信仰の講が人気を集め、白装束の行者が鈴と金剛杖をもって「六根清浄」と唱えながら集団で登拝したという。富士山の美しい姿に人々が、神の存在を感じ取ったからなのであろう。カントは、「人間の造形物は、すべて生物の身体部分の模倣である」といった。またマルクスも、「ミツバチの巣の完璧さには、建築家も赤面せざるを得ない」といっている。自然界に見られる形の完璧さには、どのように優秀なデザイナーでもとうてい太刀打ちできない。カントの言葉どおりなら、デザイナーが懸命にたどりついた形は、もともと自分の身体の中にあるものだったということである。

先に、自然に存在するものは曲線を使わない限り描き表せないと説明した。自然界には、直線も平面も円弧も存在していない。こうしたものは、概念としてしかこの世に存在しないのだ。静かな水面でも、実際には地球の引力の影響を受けた球面であろうし、その表面は、水の分子が不規則な運動を繰り返しているはずである。地球上に存在する幾何形態はすべて人工のものであるといえよう。私が、映画「二〇〇一年宇宙の旅」での「石板（モノリス）」の出現を地球史上の大事件であると思ったり、「ケルン大聖堂」や「ガラス張りの高層ビル」を人工の極致といったのは、こうした理由からである。

幾何的に正確な形は、人の気持ちに馴染まないものだ。富士山の左右対称が幾何学的に正確な対称であるはずはない。あり得ないことだが、もし富士山が幾何的に対称であったとしたら、それを仰ぎ見る人間のこころに何かしらの違和感を生じさせたに相違ない。自分の顔写真の中心に鏡を立てて見るとよく分かるが、それはたしかに自分の顔なのだが、うまく説明できない不思議な感じの顔になるものである。人の身体は、対称に見えて左右は微妙に違っているのだ。

人間の暮らしに、多くの幾何形態が入り込んできたのは、やはり産業革命以降のことである。このときから、人は直線や平面、円弧で構成された形の製品を受け入れ使ってきた。こうした形態の「モノ」に新しさを感じ取ったからであろう。また、機械で大量生産するには、直線と平面がつくりやすかったということでもある。ところが、「技術の進歩」や「人工の極致」に共鳴していても、不思議なことに人間は、こうした傾向を拒否するような感覚を備えている。

・放物線のデザイン

建築業界ではよく知られていることだが、広い部屋の場合、天井の高さを正確に一定にすると、その中にいる人には室内の真ん中付近が低く垂れ下がって感じられるものだ。そこで、こうした場合、部屋の中心付近を少し高くつくる。また高速道路や鉄道の線路では直線とカーブとの間に、徐々に曲率が変わっていく「緩和曲線」という部分を設けて高速でもスムーズに曲がれるようにしてある。同じように工業デザイナーの間での常識として、例えば立方体の辺を円弧で丸くすると、つまり平面と円筒面を繋ぐと、ほとんどの人がその境界付近に「折線」が見えるように感じる。実際には、図面上は滑らかに繋がっていて「折線」などないが、人間にはそれが見えてしまう。「錯覚」の一種である。これを避けるためにデザイナーは、平面と円筒面の境界付近に別の大きな円筒面を挿入するのだ。

自動車のボディのような大きな立体は、トラックの荷台といった特別な場合を除き自由な曲面で構成されていて、平面や直線の部分はほとんどない。平たく見えても、ボンネットやルーフ、トランクの上やドアなどは、かなり大きな曲面でできている。いろいろな方向を向いているこれらの曲面が、さらに小さな曲面で連結されて車体が構成されているのだが、このときにも、大きな曲面と小さな曲面の境界付近は折れたり凹んだりして見える。

家電製品やカメラのような小さなものはともかく、ある程度大きな製品を観察すると、まず間違いなく、大小の曲面の間を滑らかに繋ぐ別の曲面が挿入されている。デザイナーは知識としてこういうことを知っているが、それらを特に意識して仕事を進めているのではない。気持ちのよい形をつくろうとすると、結果的にこうなっているということである。

このような、徐々に曲がり具合を増やしながら広がっていく自由な曲面。この断面は放物線に限りなく近づいていく。放物線は強さと美しさの現成である、といえよう。それも力任せではなく、しなやかな強さ、芯の強さであり、竹のしなりや城の石垣の稜線などで明らかである。カントを気取るわけではないが、私はこれらが人の身体の一部に似ているような気がしてならない。放り投げられた石、発射された弾丸、ミサイルやロケットの軌跡ももちろん放物線である。釣り竿は先にいくほど細い竹が使われているから、かかった魚を引き上げようとするとき、棹のしなりは放物線に近づく。

生物の身体の形には直線も平面もなく、さらに非対称である。人工のものの多くは、主に直線と平面から成り左右対称の場合が多い。対称のものはたしかに安定感があるし、現実にモノとして丈夫である。そうしたものは寸法や容積を測りやすいから、定規やコンパスで図面として描き表すのが容易で機械でつくりやすい。人間の技術や学問は、このような理解が容易なところを中心に発達してきたのであろう。

テレビでの戦争報道に出てくる戦闘機の形は人殺しの道具という点を別にすれば、大変美しい。戦闘力や速度といった機能を最大限に発揮できるように形の無駄を省くと、あのようになるのだろう。アメリカのF15も、ロシア（ソ連）のミグ25も似たような形をしているのがその証拠だ。

こうした例からいっても、われわれ人間を含めた生物の形が美しくないはずはない。何億年もの間、改良に改良を重ねてきたのだから当然といえよう。地球上の生物の身体は、生きるために最も合理的につくられた形をしている。このように、合理的につくられている身体の形と動きを受け止めなければならない道具のデザインは、そうした点での合理性を要求されるのであり、道具のデザイナーにはそのような仕事のやり方が要求されるのだ。

本物と偽物

・ほんまもん

このところ、NHKの朝の連続ドラマを観る時間がもてるようになった。朝、家族と一緒に、のんびりとコーヒーを飲みながら観るのを楽しみにしている。これがなかなか面白い。たいがいの場合主人公は若い女性で、主人公がいろいろ苦労して大人になっていき最後はハッピーエンドで終わる、というストーリーが多いようだ。

この連続ドラマシリーズで、数年前に「ほんまもん」というタイトルのドラマが放映された。主人公の娘さんが、熊野の山奥から「ほんもの」の味を出せる料理人を目指して大阪に出て一生懸命修行に励む、というあらすじであったと思う。関西でいう「ほんまもん」とは、「ほんもの」「ほんとうのもの」という意味である。この反対が「にせもん（偽物）」であるが、「偽物」について少し考えると面白いことに気付く。「偽物」は「本物」に対する考え方であるから、お手本になる「本物」がなければ「偽物」自体、あるいはそうした考え方自体が生まれてこないのである。

このドラマの主人公の娘さんは、まず京都で精進料理の極意を学ぶ。精進料理とは僧侶たちが食べる料理で、彼らは今でいうベジタリアン（菜食主義者）であって、この料理だけを食べて厳しい修行をするのである。そうした料理をつくる極意について、ドラマの中では「作為を捨て、素材を活かし、心を込める」の三つであると説明されており、大いに感じ入ったのを覚えている。

私は三〇数年の間、模倣をせず「ほんまもん」を目指して、たくさんのクルマをつくってきたつもりである。もちろん失敗もあったが、たいがいの場合、お客さんには喜んでもらった。「精進料理」も「クルマつくり」もその極意は同じようであると思う。しかし作為なしで、モノつくりはできないから、この場合の作為とは、「まっとうでない作為」あるいは「本質をはずれた作為」を込めてはいけない、という意味であろうと解釈している。

・式年遷宮

伊勢神宮では二〇年に一度、「式年遷宮《しきねんせんぐう》」という行事が行われる。最近では平成五年（一九九三年）に行われた。「遷宮」とは、社殿をそっくり建て替えてご神体を移動し、同時に神宝や装束も新しく作り替えることである。一三〇〇年の歴史を誇る神様の引っ越しなのだ。これに用いられる材木を切り出してから立て替えが完了するまでに八年を費やす。最上級の木曽ヒノキを一万三千本あまり、カヤ二万三千束を用い、総費用が三〇〇億円にも達する大事業である。同時にこの行事は、職人の世界の極めて高度な技術の継承に繋がっている。

　最古の神宝が一九点あり、現在は一六〇〇点ほどに増えた。職人たちが長い年月をかけてつくり続けた結果である。高度な技法は、いかに優秀な職人であっても一生をかけなければ習得できない。さらに多くの場合、高度な技法を必要とする仕事がそうそうあるわけでもない。加えて、身につけた技法を後継者に伝えていくことは容易ではない。神宮の神宝の製作により、こうした技が長時間にわたって蓄積され、今に伝えられてきたということである。かつては、神宝や装束は遷宮ごとに焼却したり埋めたりして人の目や手に触れないようにされてきた。これらは神様に捧げたものであって、普通の美術工芸品ではないという理由からである。しかし、明治四二年の式年遷宮から技術伝承のために保存されるようになった。

伊勢神宮
唯一神明造様式の皇大神宮御正殿（20年ごとの式年遷宮のつどお建て替えされる）

写真提供　神宮司庁

また同じ理由から、近年になって社殿、神宝などの図面が描かれるようになる。しかし、それらがいかに詳細なものであろうと職人たちがこれだけで仕事を完成させることはできない。新たに神宝・装束をつくろうとする職人は、以前につくられたものを見ながら、形、色、材料の処理法などを徹底的に真似るのだという。おそらく「式年遷宮」に招聘される職人たちは、高度な技術の持ち主であるからこそ、こういうことが可能なのであろう。

これに参加した職人たちの話によると、職人の技というのは、才能のある人が長い間懸命に修練を重ねれば、必ずあるレベルに達することはできるそうである。問題はその先で、式年遷宮での仕事を例にすれば、手本となる昔つくられたものと寸分違わぬものを、如何に高度な技術を駆使してつくったにしろ、それは単に見かけが似ているに過ぎない。昔の職人が「モノつくり」に込めた「こころ」を感じ取り、それを作品に再現しなければならない。そして、さらに新たな自分の「心を込める」ことができなければよい仕事とはならないのだそうである。

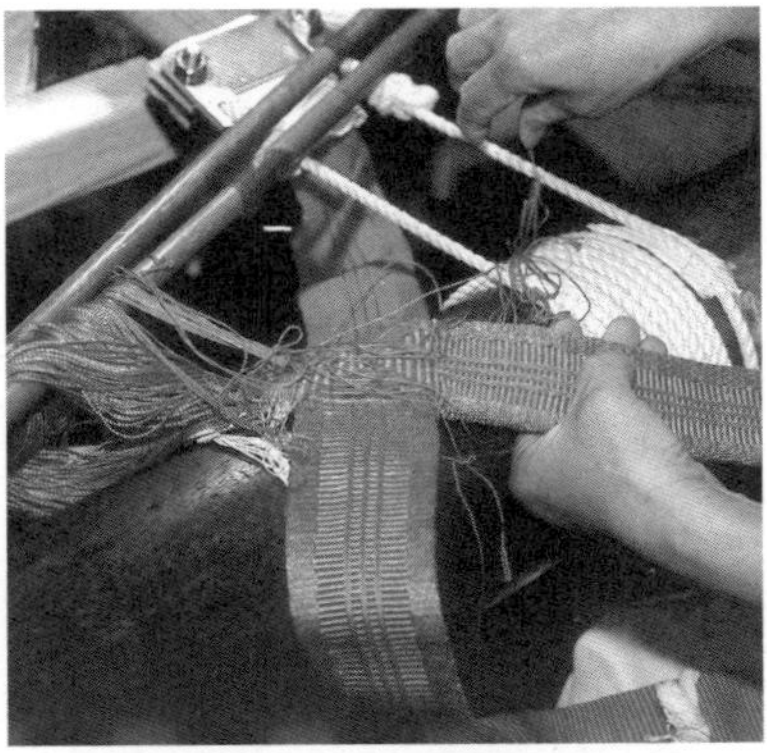

伊勢神宮(御神宝) 御神宝調製/鞍三懸の製作(20年ごとの式年遷宮のつど調進される)

写真提供　神宮司庁

・ハシゴを登ること

われわれは、先人がつくりあげた学問を先生や教科書によって学ぶことができる。いうならば、すでに掛けられている「学問のハシゴ」を途中から登り始めるということだ。定理や法則は、そのまま用いればよい。

一方、職人やデザイナー、画家や演奏家、語学もそうだが、こうした技術は「体で覚える」ものだから、目標とする名人の技は、ゼロからの修練を重ねなければ身につけることはできない。生まれながら才能に恵まれた人がいる場合もあるが、普通はそうではない。「模倣」するにしろ「伝授」されるにしろ、目標に向かって掛けられた「技術のハシゴ」は、一番下から登らねばならないということだ。

さらに「心を込める」にあたっては、どんな「心」を、どのように込めるのか。他人の心は見えないし、自分の心を見せることもできない。つまり、「真似する」ことも「教える」こともできないということであって、結局、「心のハシゴ」は自分で自分の目標に向かって掛け、一番下から登らなければならないということになる。

踊りや三味線といった「家元制度」に支えられる日本の伝統的な芸能の世界では、優秀な弟子として師匠に認められるには、まず師匠と同じレベルの芸ができなければならない。だがこれだけだと、絶対に師匠を超えることはできないということになる。なぜなら基本的に芸事は家元や師匠の一代限りのものであるからだ。弟子が一所懸命に努力し、限りなく家元や師匠に近づいたとしても、結局、師匠の芸は師匠が演じてはじめて師匠の芸として表れるものだ。

弟子が師匠と完璧に同じ動きで演じても、師匠が演じていない以上、それは師匠の「偽物」でしかない。外見がそっくり同じであることを目指すのが「偽金」であり、本物を超えては「偽金」としては失格である。だから、「偽金」はどこまで行っても「偽金」にすぎないのだ。クラシック音楽においても、楽譜のとおりの完璧な演奏が優れているということではない。作曲者の意図を完璧に再現し、そこに演奏者なりの解釈や表現が加わらなければ優れた演奏とはいえない。それができてはじめて、「ほんまもん」の演奏といえるのである。

同じ「モノつくり」でも、一つひとつを手づくりで仕上げる職人の仕事と、一ロット何十万という単位の大量生産に関わるデザインとは、全く違う世界のことのように感じられるかもしれない。

しかし、私はどちらもその根本は同じであると思っている。デザインの「技術」、あるいは「知識」や「学問」は、学校で学んだり、先輩から教えてもらい、繰り返し練習すれば身につけることができる。ところが、いくら本を読んでも、先生に教わっても身につかないことはたくさんある。というより、このことのほうがはるかに多いはずである。デザインにしろ芸術にしろ、あるいは他の仕事にしろ、自分の頭で考え、心を動かさなければ、よい結果を残すことはできないということなのだ。

・プラスチッキー

大学でのデザインの授業の課題に、小学校の給食用食器をつくるというものがあった。小学校給食の食器は、今は、ご飯やおかずを分ける仕切りのあるトレイになっていて、ご飯やおかずはトレイ上に盛りつけてあるのだそうだ。トレイはプラスチック製だそうで、昔のさびしい給食に比べれば、質も味もよくなっているに違いないが、少しばかり味気ない感じがしないではない。でもこれなら落としても壊れないし、配膳も洗浄も簡単で、何より低コストであることも確かだ。

だが「お皿一枚に全部を盛りつけてあるなんて、それはちょっと本物じゃあないと思います」とある学生がいった。聞いてみると、この学生が小学生の頃の給食は、食器はプラスチック製であったが、ご飯やおかず、味噌汁などは、それぞれの食器に盛られていたそうである。

現代のほとんどの製品には、素材や製法技術の進歩によって、さまざまな種類のプラスチックが使われている。食器だって例外ではない。身の回りを見渡しても、そのことがすぐに理解できるはずだ。

ところが私が駆け出しのデザイナーであった四〇年近い昔は、そうではなかった。金属や木、ガラスなどの安価な代用品をつくるのにプラスチックが多用されていた。だからプラスチックで何かをつくることは「代用品」をつくること、つまり「にせもの」をつくることであると思われていたのである。

今の自動車に使われるメッキの部品は昔に比べて大幅に減ったが、それでも全体を引き締めるためにさまざまに用いられる。「メッキ」は、光沢のない鉄をピカピカ光る貴金属に見せるための手法であった。現代のクルマのバンパーはプラスチックが主流だが、以前は鉄に厚いクロームメッキを施したものが普通で、ギラッと光る輝きで高級感を演出したのである。だから、塗装したバンパーは安っぽく思われ、ユーザーには敬遠された。昔、私が関わった軽自動車の「N360」もメッキされたバンパーを付けていた。

N360は高級車ではなかったから、塗装したバンパーでも実用上の問題があったわけではないが、お客さんが「本物を手に入れた」という満足感が得られるよう採用したものである。さらにN360のトランク・リッド（蓋）はプラスチック製で、これは、その頃の日本車には珍しかった。鉄板に比べて車体を軽くできるし、何かに少しばかり当たっても凹まずにもとに戻る。軽自動車としてのメリットは大きかった。

ホンダはこうした利点に基づいてプラスチックを採用し、決して鉄のトランク・リッドの代用品として考えたのではない。ところが、見た目はまったく分からないのに、プラスチックであることを知った人の中には、「本物じゃあない」という人もいたのである。

「プラスチッキー」という言葉がある。私が機種担当デザイナーであった頃、開発完了したクルマを市場検定のためアメリカや欧州に持ち込んだ際、外国人営業マンからよくいわれた言葉だ。

自動車の内装は、インパネやドアライニングなどほとんどの部品は、いろいろな種類のプラスチックでつくられている。それらを見ていうわけだが、「プラスチックのようだ」「プラスチック的」ということのようで、もちろん、よくないという意味に使っていた。プラスチックを使っているのに、「プラスチックのようだ」とはどういうことなのかと悩んだものだ。

その後彼らとのやり取りで分かったことは、自動車の内装はもともと革や木でつくられていたもので、自然で優しい温かさや肌ざわりがあった。われわれのつくったプラスチック製のものには、そうした本物がもつ良さがないということであったようだ。

プラスチックは西洋で発明され、一般的に合成樹脂またはその成型品を指す。特に内装材として使う場合、先に述べたような利点に加え、複雑な形をつくるときやその精度の確保には適しているし、軽くて安いというメリットもある。

がその反面、てかてかと光ったり、ぺこぺこと曲がったり、こんこんと音がしたりで、それらが軽薄感や安っぽさを与えてしまうという欠点をもっていた。その欠点を取り除くために、本物の良さ、すなわち質感の表現を徹底的に研究し、本来の利点を生かしていくための努力を重ねた結果、本物より本物らしい偽物が出来上がって、何年か後には西洋人を喜ばせることができたのである。

・ほんもののニセモノ

昔から東南アジアで、ヨーロッパの高級ブランド腕時計のイミテーションがつくられている。イミテーションといっても、中の機械はほとんどが日本製やスイス製で、時計としての性能にまず問題はない。外側のデザインだけを真似た「偽物」である。こうした地域で日本人はいいお客らしく、街を歩いていると片言の日本語で、「本物の偽物のロレックスがあるよ」などと、客引きの男が訳の分からない呼び込みをしている。「偽物ロレックスの世界においての一流品である」という意味らしい。

「偽金」もそうだが、「偽時計つくり」も犯罪である。「偽時計つくり犯」が「本物の材料」と「本物と同じ作り方」でつくった時計は本物といえるかというと、これはやはり「偽物」である。本物とまったく同じであり、それを誰も見破ることができないのなら、それは本物として通用するかもしれないが、それは犯罪が露見しないという意味であって、「偽物」と「本物」が同じになったということではない。つくるべき人がつくったものではないからである。

「本物」があるから「偽物」があり、「本物」がないところに「偽物」は存在しない。また仮に「偽物」が「本物」を超える品質であったとしても、「偽物」であるということに変わりはない。

「偽物」にはいくつかの場合がある。「モノ」を真似た場合、「つくり方・やり方」を真似た場合、「考え方」を真似た場合である。デザインは基本的に「モノつくり」であるから、「偽物」との関わりは「モノ」に関する場合が多い。デザインの模倣とか盗用とかがこれにあたるが、残りの二つの場合であることも少なくない。

アメリカのF15、ロシアのミグ25、この二つの戦闘機の形はよく似ている、というかそっくりである。どちらかが相手を真似たニセモノというのではない。最大限に性能を発揮するために、「自然」との間に「折り合い」をつけた結果があの形になったのであろう。兵器の場合は別として、デザインの世界でこういう出来事が起こると大問題になる。だがデザインが関係するモノは、人々の日常の暮らしで用いられる道具がほとんどだから、極限の性能を発揮しなければならない戦闘機とはまったく事情が違う。

人の気持ちに歩み寄り、それ和ませる、といったやり方は千差万別であり、それを極限まで追求する必要もない。必要にして充分に優れた性能のさまざまなデザインの製品が豊富にある社会のほうが、極限の性能を発揮する一種類のデザインしかない社会よりも住みよいに違いない、と私は考えている。

第11章

ホンダに学ぶデザイン

What can we learn from the design of HONDA?

私を育てた「三つの山と谷」

ホンダに入社以来、私はたくさんのクルマの開発に携わってきた。その中には、もちろんヒット作も、そうでなかったものもある。うまくいったりいかなかったりの波は、ほぼ一〇年の周期で繰り返され、私の在籍中に「三つの山」があった。それらの山に、私にとってそれぞれ思い出の深いクルマがある。

最初は一九七二年に、エクステリアデザインのプロジェクトリーダーを務めた「初代シビック」であり、私が三〇代に入ったばかりの頃のことである。次が一九八三年の「二代目プレリュード」で、これは四〇歳そこそこの頃、本田技術研究所の商品戦略の責任者であった。三回目が一九九五年の「初代オデッセイ」で、ホンダの四輪商品に関する総括責任者を仰せつかっており、五〇代前半にあたる。だが、「山」の直前はいずれの場合も、「谷」であり、まさしく「どん底」の状態であった。

初代シビック発表の前はホンダの四輪部門は低迷を続け、当時のトップは「四輪事業から撤退し二輪専業に戻ろうか」とさえ思っていたそうである。二代目プレリュードの直前は、海外への進出に伴うホンダという自動車メーカーのあり方、さらには国内市場の拡大を模索していた時期であり、その結果として世間からは「ホンダらしさを失った」あるいは「アイデンティティが不明確になった」といわれていた。オデッセイの直前は、バブル経済の崩壊にともなう販売不振に見舞われ、他社との合併という噂すら流れるほどであった。こうした「どん底」の時期に共通してあったのは「身のすくむような危機感」だけで、「金、人手、時間」の何もかもがなかったのである。

今になって思うと、ホンダにとって幸いだったのは、「何とかしなければ」という熱い思いだけは豊富にあったことであろう。火事場の馬鹿力とでもいうのだろうが、「ないないづくしでも、知恵だけはあるぞ」と開き直り、それによって「明るく、楽しく、前向きに」自分を奮い立たせてきたのである。

初代シビック

・「原点に立ち戻って考える」

七〇年代の初頭、第一次石油ショック直前の初代シビックの開発では、不振をきわめた「H１３００シリーズ」への反省から、ただがむしゃらに開発を進めるのではなく、「原点に立ち戻って考える」ことを大切にしようとした。この「初代シビック」はベストセラーとなり、ホンダが自動車メーカーとして世界に認められるきっかけをつくった。私は困難な開発の中から、「創造のエネルギーは、目的を同じとする異質な人々の対等な立場での協力により生まれてくるものだ」ということを身をもって知ったのである。

私がホンダで初めて本格的に関わったクルマ、軽自動車の「Ｎ３６０」は、競合他社の車に対し五割増の性能を備えて大ヒットとなった。その余勢をかって小型車市場に参入した高性能を売り物にした空冷エンジンの「H1300シリーズ（セダンとクーペ）」は、センセーショナルではあったものの、ひとりよがりな性能一辺倒の車となり、一般受けはしなかったのである。お陰で売れ行きはさっぱりで、「四輪からの撤退」という話は決して冗談ではなかった。

当時は「公害」や「省エネ」が世間で話題になり始めた頃である。これらを踏まえて、開発チームは「今の時代、どのようなことがクルマに求められているのか」、また、そのためには「どのようなクルマが一番適切なのか」の原点に戻って懸命に考えた。その頃の自動車業界の小型車についての一般的な考え方は、大きな車をいかに上手に小さくつくるかということであった。しかし開発チームは、「小さな車」にはそれなりの「機能」や「姿・形」があって然るべきだと考えたわけだ。

・「台形スタイルの安定感」

「ユーティリティミニマム」と名づけたこの考え方によって、初代シビックにはそれまでの日本車になかった、すなわちまったく新しいコンセプトがつくり上げられた。それが「FF2BOX台形スタイル」である。その後、他社も同様なコンセプトによる車を続々と発表したから、この考えは正しかったのだと思ったものだ。今では、一般的に使われている「ベーシックカー」というのは、このときのシビックのためにわれ

初代シビック（1972年）
パリの街を走る俊敏なベイシック・カー。世界の街へスタート

われがつくった言葉である。

三〇年ほど前のある日のこと、初代シビックの検討チームが編成され、私もそのメンバーの一人に選ばれた。本田さんはホンダでの社長業に専念するために、研究所の社長を後進に譲られており、その最初の開発機種がこれだったのである。私は開発チームの一員に選ばれ大喜びしていたら、すぐに所長から「鈴鹿工場の生産ラインを見てこい」と指示され、勇んで出かけたのである。

ところが行ってみて、大変なショックを受けた。長い長い組み立てラインに、われわれが鼻高々でつくった「H1300」がポツンポツンとしか流れていないのである。「H1300」の評判がいまひとつとは聞いていたが、これほどとは思わなかった。閑古鳥が鳴くとはまさにこのことで、さすがに青くなる。所長はこの光景を「見てこい」といわれたのだと思う。

研究所に帰ってから数名ずつの二つのチームに別れて新機種の検討が始まった。それぞれが「若者組」と「年寄り組」と呼ばれたが、何しろ本田さんでも六〇歳そこそこであったから、「若者」と「年寄り」の違いは三〇歳前後か三〇代後半かという程度のことでしかなかったのである。後にこのやり方は「異質平行開発」と呼ばれるようになり、ここ一番のときにはよく行われた。

会社が今どんな状況にあるかは、全員がよく知っていた。「クルマつくり」を志した以上、個人的にはみんなが「スポーツカーをつくりたい」という気持ちだったのであろうが、一旦それは別の所に置いておいて、今後の社会に必要とされる自動車がどんなものかを考えることにした。二つのチームは全く別のコンセプトで展開していったが、後で両案を比較すると不思議なくらいによく似ていた。デザイン担当の私は、両案に共通した、それまでの小型車にくらべて短い全長を知り、「これは大変なことになった」と思ったものである。

私の大学時代の恩師はアメリカに留学して自動車のデザインを学んだ方であったから、私もアメリカでの車のつくり方や、アメリカ人の考え方に影響を受けていた。「低く」「幅広く」「長く」というのがそれまでのアメリカ車の特徴であったし、私もそういう車が格好いいんだとしていた。ヨーロッパの、ちんちくりんな車はどう見てもスタイリッシュとはいえない。だから、長さの短いずんぐりしたプロポーションで、どうやって「格好いい車」をつくればよいのか、全く見当がつかなかった。

その頃、軽自動車と小型自動車の間に新しい規格を制定しようとする動きが起こる。ちょうど車の排気公害や、渋滞・駐車についての問題が話題になっていたので、これらの対策のための法案だったのであろう。俗に「五平米規格」といわれ車の専有面積を五平方メートル以内にしようとするものであった。結局この法案は成立しなかったが、できるだけ車のサイズを小さくしようと考えていたわれわれに、この規格はぴったり符合していたから、まずは、この規格に沿って開発が進められた。当時の軽自動車は三〇〇〇×一三〇〇ミリで、面積はほぼ四平米だから、それに幅で一五〇ミリ、長さで二〇〇～三〇〇ミリを足して、幅一四五〇ミリ、長さ三二〇〇～三三〇〇ミリの範囲に収めれば、この規格はクリヤーできるだろうとして検討が開始された。

ところが全長が決まった後も、毎日のようにエンジンとトランスミッションの幅が広がっていく。エンジン設計がいろいろ検討する結果なのだが、なにしろ目標が「五平米」だから、幅が五ミリ広がると長さを一〇ミリは短くしなければならない。幅が当初の目標の一四五〇ミリを超えたときは思わず「ぎょっ」としたし、その後も「一五〇〇ミリ以内になんとか」とエンジン設計に申し入れてあったが、ついにこれを超えたときにはさすがに青くなった。

結局、一四五〇ミリを振り出しに、何とか一五〇〇ミリ以内に収めようとした全幅が、最終的には一五〇五ミリになってしまった。たった五ミリがどうにもならなかったのである。短い全長に対してホイールベースが長く、オーバーハングが極端に短い「初代シビック」のレイアウトはこうして決まった。

・「小さくていばれる車」

今でいうと「コンセプト」ということになるのであろうが、「初代シビック」を一言でいい表して、「小さくていばれる車」にしようと開発チームのみんなで決めた。今から三〇年以上も前のことだから、自家用車がある家庭なんて日本ではまだ珍しかったのである。タクシーとして酷使されたガタガタの中古車がたくさん出回っていた時代だったから、新車をポンと買える人はそれほど多くはなかった。だからシビックのオーナーになる大多数の人々が、決して余裕綽々で毎月の支払いを続けている訳でないことは、チームのみんながよく分かっていた。シビックはこうした家庭の事情、つまり「貧乏くささ」を感じさせない車にしたかったのである。

その頃のホンダの、というか日本でのオートバイの最高級車は「ＣＢ７５０」であった。排気量七五〇ccのオートバイを俗に「ナナハン」と呼ぶが、日本でそう呼ばれた最初の車がこれである。大きくて立派で、見るからに堂々としているから、小さなバイクに乗ったライダーは赤信号で交差点で並ぶと何となく気後れしたものである。ところが同じように並んでも、「ダックスホンダ」とか「ホンダモンキー」だと引け目は感じない。それぞれがオートバイとしての全く別な世界に属していて、お互いがその世界の中で、充分にその存在を主張できたということなのであろう。

シビックもそのようであって欲しかった。そう思って、たとえ高級車と並んでも威張っていられるようなデザインを目指したのである。シビックの車体は、軽量化を目指して厚さ〇・七ミリの鉄板でつくられていたが、その頃の「クラウン」「セドリック」などのそれは〇・八ミリであった。わずか〇・一ミリの違いだが全体の重量には大きく影響する。軽くできるが、不思議なもので、プレスして出来上がった面の感じはどうしても鉄板の薄さが感じられてしまう。そこで断面を工夫して、いかにも厚い鉄板をプレスしたかのように見せたり、新しい塗装の方法を開発して「琺瑯《ほうろう》」の感じを出したりといろいろな工夫をし、高級車の質感が出るよう知恵をしぼったものである。

骨格とコンセプトが決まり、それをもとにデザインを始めた。前後左右から見たときに「台形」を感じさせて、安定感と地面に吸い付くような雰囲気が出せればと思っていた。ところが、形が少しずつ見えてくるに従って、社内からは、「団子みたいで格好悪い」という評判ばかりが聞こえてくる。あの骨格と寸法では、誰がやってもこうならざるを得ない、と鼻白んだが仕方がない。そこで「この車のイメージは、アラン・ドロンではなくてチャールス・ブロンソンなんだ」とか、「白魚のような指ではなくて、ゲンコツの手だよ」とか、「美しいではなくて、可愛いんだ」などと、あの手この手でまわりに売り込んだ。

このようにして、シビックのスタイリングイメージは「安定感のある台形スタイル」ということになったが、後になって、出来上がりつつあるクレイモデルを見ながら、本田さんから「台形はいいなあ。これからの車は、これでいくんだな」といわれたときの嬉しさは、今でもはっきり覚えている。

だが「安定感のある台形スタイル」は、別のいい方をするなら「ずんぐりむっくり」である。全幅がどんどん広がった時点で、私はこの車を、伝統的格好良さ、つまりスタイリッシュにしようということをすっかりあきらめてしまった。デザイナーが格好良さをあきらめたのだから、面白いはずがない。おおいに「エンジン屋」を恨んだものだが、発売後、台形スタイルがアメリカでも大人気となり、大きなアメ車の中にあって、その「存在感」が認められるようになったのだから、本当は「エンジン屋」に感謝すべきであろう。逆境を逆手にとって、それを特徴にしてしまったというわけだ。

モノの「格好良さ」には二種類ある。ひとつは直感的に意識されるもの、もうひとつは論理的に理解されるものである。私は直感的格好良さをあきらめ、半ば開き直って機能的で論理的な格好良さを追求しようと思ったのである。「ずんぐりむっくりデザイン」のシビックは発表された後に「知的なデザインである」とか、「やっと日本にもこういう車ができた」と評され、一九七三年に最初のカー・オブ・ザ・イヤーに選ばれたが、このときは心底報われた気がした。

・時代が求めるモノ

この数年前、アポロ11号が月面に着陸した。ついに人間の科学技術の進歩はここまできたのか、この先はどこまで進歩するのだろうかと思ったものである。「月着陸」は人類の、科学技術の進歩のひとつの節目であった。が、さまざまなものを発明し、つくり、それによって人間を豊かにしよう、幸福にしようという考え方、やり方に疑問が生ずることになったのはこのすぐ後のことである。

一九七〇年前後から世界中で起こってきた大気汚染に発する「公害問題」、産油国の減産による「石油危機」がそれであった。無尽蔵にある安いエネルギーを使い、さまざまな製品をひたすらつくり続けることが絶対的に正しいこととはいえず、便利な暮らしの陰に蓄積されてきた歪みが、この時期に一気に外に吹き出してきたといえる。自動車についても、より豪華により快適に、そしてひたすら高性能を求め続けることが見直されるようになった。

「初代シビック」は、このような排ガス規制や石油危機という状況下、ユーザーにそのコンセプトが理解され、世界の人たちにもその価値を認められることになり大成功となり、発表以降七年間もモデルチェンジの必要がなかったほどである。

このシビックのヒットについて、「都合よく『公害』や『省エネ』の問題が起こったから成功した、運がよかったのだ」という人がいる。たしかにこういう面があったのかもしれない。が、それは結果論であり、この時期にこういった問題が起こらなかったとしても、世界の小型大衆車はいずれ、「ＦＦ２ＢＯＸ」が主流となっていっただろう。

初代シビックは一九七九年、発明協会から、自動車デザインとしては初めての通産大臣賞を受賞した。ホンダにとっては自動車メーカーとして、大きく飛躍していくための基盤づくりができたのである。

この頃に私が覚えた言葉が、「天地人彼我」だった。「孫子の兵法」よりの引用である。いうまでもなく、天の利、地の利、人の利をよく知り、敵味方双方の実力を知り尽くして事に当たるというやり方であって、世の中の動きをよく知り、自分の会社の実力をよくわきまえ、世間の人の気持ちをよく考え、競合会社との競争力を見極めたうえで商品開発に臨む、ということだ。

二代目プレリュード

・「らしさ」つくり

八〇年代に入ってまもなくの頃、「初代プレリュード」の販売が低迷する中、これを扱う「ベルノ」系列の販売店経営が苦しくなり「二代目プレリュード」の開発が急務となる。「初代プレリュード」はどちらかというと「プロダクト・アウト」の傾向の強い車で、こうした開発サイドのひとりよがりを、口の悪い評論家からは「川越ベンツ」と揶揄されていた。

前に述べた初代シビックの大ヒットの後、「アコード」をラインアップに加えることにより、ホンダは自動車メーカー、それもファミリーカーのメーカーとしての社会的認知を確実なものとすることができた。しかし、ホンダは二輪専業だった昔からレース活動が活発であったこと、また最初に投入した四輪車が小型スポーツカーであったことなどから、ファミリーカーだけでは飽きたらず、「スポーツマインド」の強い「ホンダらしい車」をつくりたいという技術者がたくさんいたのである。

このような人たちの夢の実現として、一九七八年に「初代プレリュード」が開発された。ところがこの車は、技術屋の「熱い想い」や企業の

2代目プレリュード（1982年）
ホンダらしさを徹底的に追求した、エモーショナル&セクシーなデザインのスペシャルティーカー

「都合」が先行しすぎて、一般のユーザーの気持ちとかけはなれた「ひとりよがり」なものとなってしまい、「ホンダらしくない」「古くさい」との酷評を得て失敗に終わる。

こうしたことの反省もあって、「二代目プレリュード」の開発にあたっては、初代の問題点を徹底的に洗い出すとともに、この分野の車に「ユーザーがホンダに期待するものは何か」をとことん研究することから始めた。そして分かったことは当たり前といえば当たり前であるが、ユーザーは欲張りで、「スポーツカーの格好良さ」と「乗用車の実用性」を「手頃な値段」で手に入れたいということである。「ホンダらしくない」と酷評されたわれわれにとってまずやるべきことは、もう一度しっかりとホンダの「スポーツイメージ」を構築することであった。

・「矛盾」との闘い

この頃の日本は、ミッドシップ・エンジン・レイアウトのスーパーカー全盛時代であった。デザインの方向性に悩んでいたある日、研究所の社長から「スポーツカーはなぜ格好がいいんだい」と聞かれる。スーパーカーは「地面を這うようにして突き進む」という誰が見ても分かりやすい「スポーツイメージ」をもっている。

社長にした説明はこうであった。「フェラーリ」や「ランボルギーニ」などというミッドシップ・エンジンのスーパーカーは車体の中心にエンジンを置く。車の部品の中ではエンジンが最も重い。これが車体の中心にあれば全体の重量のバランスが理想的になり、抜群の操縦性を得ることができる。さらにいえば、ボンネットが低くできるから、空気抵抗の少ない低いシルエットが実現できる。

私は社長の問いに対して、思わずミッドシップ・エンジンについての講釈をしてしまった。研究所の社長はF-1の責任者をされた方で、「釈迦に説法」とはまさにこのこと、気付いた後で大変恥ずかしい思いをしたものである。

社長からは、「じゃあ、なぜそのようなシルエットにしないんだよ」と逆に切り返され返答に詰まり、「すぐに量産車に使えるミッドシップの技術はありません。たとえあったとしても、二人しか乗れない高価過ぎる車になってしまいます」といい訳を重ねた。社長からは「まあ一度その格好いいというシルエットとやらを描いてみろよ」といわれてしまう。そこでメカについての制約などいっさい考えずに、自分なりに格好いいと思えるサイドビュウを初代プレリュードの図面の上に描いてみたら、ボンネットは初代よりも一〇〇ミリも低いところに線が引かれた。それを見た社長は、「エンジンがここまで下がればよいのか、じゃ、やってみればいいじゃないか」と、いとも簡単にいわれてしまったのである。

もし、FWD（前輪駆動）のレイアウトでこれが実現すると、「スーパーカーのシルエットとアコードの実用性」を同時に手に入れることができる。相容れないものをひとつにするわけで、まさに「矛盾」との戦いであった。

社長はエンジンの担当者に向かって、「おい、エンジンを一〇〇ミリ下げてくれってさ」といきなりいったのである。もちろん、エンジンの担当は驚いたが、一言「分かりました」といって仕事場に戻っていった。

エンジン以外の艤装、ボディ、足まわりの設計担当は誰ひとりそんなことができるはずがないと思っていたが、数日経って、エンジン高を一〇〇ミリ下げたと聞かされてびっくり仰天したのである。全体に後ろに傾け、キャブレターの配置を工夫してエンジン全体の高さを抑えるというエンジン設計担当者の説明を聞いて、少々乱暴なやり方だとは思ったが、とにかくエンジン高は下げられることが分かった。

エンジン設計担当者以外にとって、それまで他人ごとのように思っていたことが、今度は自分たちの身に降りかかってきたのだ。つまりエンジンが下がればボンネットも低くなるから、取り残されたサスペンションの頭が飛び出してしまうことになるし、傾けたエンジンに押されてエアコンなどの置き場がなくなってしまう。またインストルメントパネルの位置も下にさがるから、足の入れ場所が苦しくなる。全員が青くなって持ち場に帰った。

各担当者は、新しい空気の取り入れ方法を考え、超小型のエアコンを新規に開発し、当時このクラスではあまり使われなかったダブルウィッシュボーン・サスペンションを採用するという思い切った方法を見出す。結果的に二代目プレリュードは、これらの全く新しいやり方でボンネットの高さを一〇〇ミリ近く下げることに成功し、スポーツカーのシルエットとセダンの実用性を実現することができたのである。

市販される自動車は、運輸省（現在の国土交通省）の決めた「保安基準」によって寸法や排気量、そしてランプやナンバープレートの大きさや位置などが細かく規定されている。裏話になるが、このプレリュードのヘッドランプは点灯するとホップアップした。これは当初から計画されていたものではなく、ボンネットの高さを下げすぎたため、ヘッドランプの高さが「保安基準」に適合しないことが分かり、慌ててホップアップさせる工夫をして、やっと認可を取ったのである。「怪我の功名」とでもいおうか、これが特長となって人気を得たので、後に発売されたライバル車は、ボンネットが高く法規上その必要のない車まで、こぞってこの方式を採り入れたものだ。

二代目プレリュードの開発は困難をともなったが、「スーパーカーのシルエットでアコードの実用性を」という「矛盾」を乗り越えられたのは、コンセプトが誰にでも分かる明快さをもっていたこと、開発者の「これしかない」という思いのベクトルが同じ方向を向いていたからだと思う。

二代目プレリュードは、日本はもちろん欧米でも大ヒットした。ただ、二代目プレリュードで実現された「スポーツカーのシルエットと、セダンの実用性」は表面的なものにすぎない。ホンダの「クルマつくり」の基本的考え方はもっと別の所にある。

人間は自動車よりも「偉い」のだから、メカの都合で人が狭いスペースで我慢する必要など全くない。われわれの発想は機械部分を最小化することによって、人間が使う部分を最大化しようとするものであった。初代シビック開発時に生まれたこの考え方は、初代ＣＩＴＹや二代目プレリュードが開発された頃に「ＭＭ《エムエム》（マンマキシマム・メカミニマム）コンセプト」と名付けられ、これはホンダの商品づくりの基本コンセプトとして、現在も受け継がれている。

私はこの「二代目プレリュード」の開発を通じて、「永く万人に好かれるというような普遍性と、時代に適合して未来を感じさせるというような先進性と、それに人の幸せや社会に役立つというような奉仕性、この三つが、高次元でバランスしているものは、多くの人を魅了できる」ということを知った。「いい加減」では人の心は打てないということである。

初代オデッセイ

・「一度立ち止まって振り返る」

一九九〇年代の初頭、バブルの絶頂期に、3ナンバーの高級車がもてはやされるようになった。われわれはこういった傾向に疑問をもっていたし、熱に浮かされたような市場が大いに不安であったために、こうした動きに少々乗り遅れてしまった。その結果は正直に販売台数の減少として現れたためさすがに慌てて、「インスパイア」や「ビガー」の幅を少し広げ大きなエンジンを載せた3ナンバー仕様で対応した。ホンダのシェアもようやく七～八％に安定し、セダンの領域を拡大してシェアを大きく伸ばそうとしていた頃のことである。

バブルが弾けたのはそんな矢先で、突然市場が冷え切ってしまい、いくら宣伝しても値引きをしても車はさっぱり売れなくなってしまった。さらに、ホンダの象徴ともいうべきF1からの撤退も重なり、世間から「ホンダはどうした」という厳しい批判が出始めた。そういった状況であるから、すぐにでも「今、ユーザーから本当に望まれていることは何なのか」を問い直す必要に迫られていたのである。オデッセイの開発を始めたのは、丁度そんなときであった。

バブル期からその後にかけて、少しずつ売れ行きを伸ばし始めたのがRVである。当時は、商用車をベースにした1BOXカー、あるいはジープタイプのオフロード車がそのように呼ばれていた。これらRVはセダンに飽きたユーザーの注目を集め始め、われわれもこうした車の開発に着手すべきであると理解はしていたのである。

ところがホンダには本格的な四輪駆動車がない、ディーゼルエンジンがない、RVのベースになる商用車もなかった。さらにアメリカを含めた全工場の生産ラインは、背の低い乗用車だけを効率よく生産するために造られた設備であったから、背の高いRV車は生産できない。ニーズはあってもホンダにはそれに応える条件が整っていなかったのである。

しかしセダンにばかり頼っているとジリ貧になるのは明らかで、事実、国内の年間販売台数はあと少しで七〇万台に手が届くというところまできていたが、あれよあれよという間に六〇万台を大きく割り込んでしまっていた。だから、この頃は毎日のように、市場のニーズにどのように応えればよいかという現実の対応策と、そのために将来の目標をどのように定めておけばよいかについて、現在のこと、先のことを一緒くたにしたような会議が続いていた。

八方ふさがりの状況をどう打破するか、この課題にわれわれは悩み抜いた末、「温故知新」といわれるように、「一度立ち止まって振り返る」こと以外に活路を見いだす手だてはなさそうだ、という結論に達した。過去のさまざまな「成功例」「失敗例」を振り返ることで、それに至る経過のぬかるみの中から、前進のためのヒントやアイディアを必死の思いで探し求めたのである。

初代オデッセイ(1994年)
エレガントさを追求し、FFで先進的な低全高1BOXシルエットが与えられた

こうして開発された「オデッセイ」は、古代ギリシャの詩人ホメロスの「イリアスとオデッセイア」にちなんで「冒険旅行」という気持ちを込めて名づけられ、一九九四年一二月に発売された。

実は、この車はもともと、アメリカ市場の要望から出発した車である。その頃とほぼ同時にアメリカからはミニバン、日本からはクロカン（クロスカントリー車）という二つの要望が寄せられていた。それぞれの必要性は充分承知していたが、当時の開発工数や投資額などの制約からオデッセイを先行することになり日本の営業関係者は大変落ち込んだが、オデッセイに遅れること一年でクロカンはCRVとなって大ヒットしたのである。

・「ナイナイづくし」の中から

オデッセイのシルエットは、アメリカでミニバンと呼ばれる車より、ふたまわりも小さいものであった。また当時の日本の1BOXカーと比較しても随分と屋根が低い。RVはアメリカで流行が始まったものであり、トラックの生産設備や材料部品を用いて造られるので、なにしろ安くできる。大きな車体にV6のエンジンを載せてアコードよりも価格が安かった。これに対抗できる車を日本でつくり、円高という状況の中で本当に輸出できるものになるかと大いに悩んだが、とにかく検討してみようということで、レジェンドのV6エンジンを使ったプラットフォームをベースにアメリカサイズのものを考えることにした。

ここに、大きな問題が二つあった。先述のとおりひとつは、ホンダには背の高い車を生産できるラインがないこと。もうひとつは、どうしても価格が三万ドルになってしまうことである。アメリカ製のミニバンは二万二～三千ドルで売られていたが、これはわれわれがベースとしようとする「アコード」とほぼ同じ価格だった。ベースとなる車にいろいろな装備を施すのだから、もともとの価格すなわち三万ドルより安くできるはずはないし、同じような装備仕様の高価格車が売れるはずがないことも分かっていた。だから、一時はオデッセイをアメリカで売るのはやめようという声すらあったほどである。

開発チームはそれでも検討をやめなかった。アコードワゴンにいろいろなユーティリティを加えることにより、どこまでいけるかひととおりの検討を続けた。どんな要素を加えればニーズに近づけるか、どのようなエンジンが必要か、価格はどうなるか、背を高くして六～七人乗りにした場合、重量はどのくらい増えるか、という具合である。このような検討のため、アメリカでアコードワゴンに一〇〇キログラム前後の重りを積み、ロスアンゼルスのさまざまな道で何度も走行テストを行った。現在、街の中を走っているオデッセイのサイズと重量は、このような実験の結果で決められたのである。

一方、日本での主力車種の販売台数はどんどん落ちていき、開発部門は営業部門から「ＲＶはまだか」と突き上げられていた。アコードをベースにしたＲＶを米国市場に送り出すには多くの困難が予想され、結果的には円高によって輸出台数を大幅に減少せざるを得ないことになっ

レジェンド（1985年）
ロー＆ワイドの台形フォルム、高い性能と高品質を備えたエグゼクティブ・カー

たが、「ホンダにはRVが必要である」という考え方を変えなかった。たとえリスクを背負うとしても、RVに対するホンダの積極的なイメージを確立しておきたかったからである。

そこで、アメリカで検討したオデッセイを国内向けとして、日本の営業部門に提案したところ評判はさんざんであった。屋根が低い、他社の1BOXカーの常識であるディーゼルエンジンでない、スライディングドアでない、回転対座シートがない等々。

さらにこの時期、オデッセイの日本市場での販売予測調査を行った結果、「この車は千台そこそこしか売れない」という悲観的な結論が出たが、この調査は商用1BOXカーのユーザーを対象に行われたもので、一方オデッセイを、「ワゴン」「ミニバン」として乗用車ユーザーを対象に調査してもらうと、「一万台近く売れるであろう」という結果がでたのである。

予測もしなかった結果で大変驚いたが、それでもなお「乗用車」として売ろうとは誰も考えなかった。世間がホンダに期待しているのは、いわゆる商用1BOXカー的RVだとばかり考え、「多人数乗り乗用車」というカテゴリーが、当時の日本の社会に受け入れられるかもしれないという洞察力に欠けていたものであり、今でもこれを反省している。

「オデッセイは日本のユーザーがRVに望むことすべてに応えていない。したがってこの車は売れない。月に千台も苦しいだろう」という販売第一線の見解を誰もが当然だと感じていた。また当時、アメリカから輸入して好調に売れていたアコードワゴンと競合するかもしれない。同じようなコンセプト、同じエンジンにも関わらず、一方が五人乗りもう一方が七人乗りでは、せっかく築いたアコードワゴンの市場が潰れてしまう。販売の現場が多人数乗り乗用車より商用1BOXタイプの車を望んだのは、こういった背景もあったのである。

・総合力でつくる

同じ時期、「もしオデッセイが日本で売れなかったら」という心配から、開発中にこのオデッセイのエンジンとサイズを少し縮めた5ナンバー枠の車をつくった。しかし単なるサイズダウンでは中途半端だし、それほど値段も下がらない。これではユーザーにはきっと喜んでもらえないだろう。5ナンバー枠にこだわるなら、最初から徹底してやらなければということで生まれたのが「ステップワゴン」である。

このように開発段階での社内の評判は決してよくなかったが、燃費ではディーゼルエンジンに太刀打ちできないものの、ガソリンエンジンを使えばディーゼルの欠点である音、振動、それに黒煙を解消することができる。また天井が低くても床を下げる工夫をして、室内で立ったまま歩くことができるようにした。それに背が低いことは、逆に操縦安定性のよい乗用車的な乗り味を出すことが可能である。この実現のために、ドイツのアウトバーンで徹底的なテストを重ねた。

さらに、スライドドアはお年寄りや子供には扱いにくいし、坂道での開閉には危険な場合すら想定された。普通のスイングドアはこういった点でとても扱いやすく技術的にも洗練されていたし、さらに四人が一斉に乗り込める。また実際にユーザーにそれほど使用されていない回転対座シートは本当に必要なのか、もっと別のうまいシートの使い方はないものかと、いろいろなアイディアを考えた。そして、オデッセイにこれだけの中身を盛り込んだ割には、価格をかなり安く設定できたが、それはベースとなったアコードに対しての「コストダウンと品質向上」という血の滲むような地道な努力が実を結んだということでもある。

国内販売の苦況を打破するために、オデッセイは販売チャネルの枠を超え、ホンダの総力を挙げて販売してはどうかとの検討がなされた。ホンダの販売チャネルは、「プリモ／カジュアル」「クリオ／フォーマル」「ベルノ／スポーティ」という性格をもった三つのチャネルに分けられていたが、オデッセイは多くの人々や家庭で親しまれ愛されるものでありたいとして、チャネルに捉われない画期的な販売方法が必要だと考えた。

しかし「同じ車を売るのだから、ホンダ各チャネル間の値引き競争を招きかねず、収益の悪化が懸念されるし、さらには市場が荒れて車の品質やサービスの質が落ち、ホンダ全体の評判が悪くなってしまう」と心配する意見も出たが、最終的には開発チームの主張し続けているオデッセイのコンセプトが理解され、「ことによると、セダンの市場を脅かすことになるかもしれない」とまでみんなが思うようになった。

ここで、ホンダは、「オデッセイ」を「商用1BOXカー的RV（通称箱バン）」としてではなく、「多人数乗り乗用車（多人数乗りセダン）」という全く新たなコンセプトのクルマとして独自の事業機会を見出したのだった。アダムスファミリーを起用したコマーシャルが、そのことを物語っていよう。

全チャネルでの販売が開始されると、最初の心配はまったくの杞憂であることが分かった。各チャネルのディーラーのサービスの競い合いは、ユーザーに喜ばれることになったのである。

真のお客様

・「成功」と「失敗」

私の三〇数年間の「クルマつくり」の経験からいえることは、成功しているときほど悩みは多いものだ。もちろん成功すれば本人は嬉しいし気分もよい。時として慢心する場合がないとはいえない。さらに周辺から次への期待は当然高まるから、本人も失敗できないと思い込むようになる。つまり、慢心したり、失敗を恐れて保守的な考え方に走ったりして、その後の結果がよくなくなるということが起こりがちである。慢心も、失敗を恐れる気持ちもいわば、人間の業とでもいうべきものであるから、ある程度は仕方がないことであろう。人間というものは実に面白い。

前にも述べたとおり、ホンダの経営者は初代シビック開発時に「四輪から撤退しようか」とさえ思っていたという。プレリュードのときは「ホンダらしさ」がなくなったといわれていた。オデッセイのときは、折しもバブルが崩壊し業績自体も悪くなり、「ホンダどうした」と責めたてられた。

結局、こうしたときに共通していえることは、身のすくむほどの危機感ばかりがあって、お金、人手、時間の何もかもがなかったということである。われわれが、こうした状況を何とか克服できたのは、「苦しくとも何とかしなければ」と強く感じたことによって、火事場の馬鹿力を発揮できたからであろうと思う。さらに、こういう状況で落ち込んでいてはいけない、「ないないづくしといっても、知恵だけはあるぞ」と開き直り、「明るく、楽しく、前向きに」とそれぞれの気持ちを奮い立たせたからであるとも思っている。

こうして成功した三つの車は、そのどれもが「これまでにない」という言葉で評価された。いずれの場合も、他社から同じような車が続々と登場することになり、まさに、モノつくり屋冥利に尽きるものだった。

一方、成功しなかったものを今になってよく見ると、積極的な冒険を避け、ひたすら安全確実なやり方でデザインしたものが多かったことに気付く。そういったものは、誰も追いかけてこなかった。

つくり手のひとりよがりで一番怖いところは、ユーザーが本当に望んでいるものを見失ってしまうことである。久しくホンダには「スポーティ」というイメージが定着していた。一時期、多くの人から「ホンダらしさがなくなった」といわれたことがある。「プレリュード」「ビート」「NSX」などは、こういった声に対するホンダの回答だと考えていた。これらの車は、もちろんホンダらしさに溢れていたが、オデッセイやCRVのようなスポーティさとは無縁な車にも、ユーザーは「ホンダらしい」「ホンダらしさが蘇った」と感じてくれた。まさしく、見たり乗ったりしてドキドキ、ワクワク感じてもらえること、感動してもらえることが本当の意味での「ホンダらしさ」なのだと痛感したわけである。ホンダの中のわれわれ自身が「スポーツカーのようなスポーティさ」にこだわりすぎて、「ホンダらしさ」の本質を見失っていたのだろうと思う。

さて、私の三〇数年にわたる車つくりの紆余曲折を述べてきたが、何かお役に立てただろうか。読者諸君の頭の中でもう一度整理してもらいたい。

これまでの章にも、「知恵」という言葉がよく出てきた。前の章にあったように、何かをやりたいと想う心によって、「知識」が「知恵」になるのだと述べてきた。困ったときにしか知恵が出ないというのも困ったことだが、今の時代の風潮ように、困った状態に身を置かない、例えば、「ぼかし言葉」の流行りのようなことが実際の行動の中でどんどん進むと、「知恵」の生まれようがなく、もっと困ったことになってしまう。

・「PDCA」

「先進性・普遍性・奉仕性」という言葉は、商品を開発するときやデザインをするとき必ず思い浮かべた私にとって大切な言葉である。「温故知新」や「天地人彼我」も同じで、「PDCA」というのもあった。

「PDCA」は、品質管理の神様といわれたデミング博士が提唱した「TQC（トータル・クオリティ・コントロール）」という品質管理法で使われる言葉である。ホンダでは一歩進めて、製品の品質だけではなく、業務管理や製品開発に対してもこの考え方を導入し、「TQM（トータル・クオリティ・マネージメント）」を採用しているが、その両方に共通するやり方のことだ。「P（プラン／計画）、D（ドゥー／実行）、C（チェック／検証）、A（アクション／修正）」を繰り返し、徐々に最適なやり方に近づいていくことである。読者諸君も、いろいろ困ったことに直面したらこれらを思い出してみて欲しい。ただし、逃げないで、思いっきり困らないとだめだ、ということを忘れないでもらいたい。

ホンダがこうした考え方を取り入れた頃のエピソードをひとつ述べよう。シビックのマイナーチェンジを進めるに当たり、この車を買ってくれた人たちの意見を集めた。いろいろな苦情や意見をもとにマイナーチェンジの手段を考えるのがこれまでのやり方で、これがお客様志向だと信じていたからだ。それに対してTQ

Cの先生から、その人たちはシビックの「真のお客様でしょうか」と問われて愕然とした。すなわち、買ってくれたお客さんが必ずしも真のお客様とは限らず、企画のときに定めたお客さんであるかどうかを、きちっとチェックすべきだというのである。真のお客様を見定めることが、TQMの秘訣であることを教わった。

一般的にTQM（TQC）は、ことにデザインのような創造的活動には向かないといわれている。しかし、私の長年の経験からいって、「真のお客様」を見定めたり、そのお客様が「確実に欲するもの」をつくり出すためのツールとして極めて有効であることを伝えておきたい。よいドライブ（創造的活動）は、アクセルとブレーキをうまく使う技術によって生まれるものである。

二一世紀のデザイン

「モノ」だけをデザインすることはすでに終わった。自動車についても同様である。「すでに一九三〇年までに開拓され尽くした」といわれる自動車技術に、新たなアプローチが必要になった。それは「安全」と「環境」や「エネルギー」の技術である。誕生以来こうした分野に自動

FCX（2002年）
水素と酸素から電気をつくるシステムの燃料電池車。米国環境保護庁とカリフォルニア大気資源局の認定を燃料電池車として世界で初めて取得した

車技術が正面から向かい合うことはなかった。ところが現在では、この問題が解決できない自動車メーカーに未来はないといわれている。すでに、燃料電池をエネルギーとする「ホンダＦＣＸ」、ハイブリッドカー「トヨタ・プリウス」などが街を走り出し、最先端の技術を用いたクルマが現実のものとなった。

このような旧来の自動車技術の延長線上にはない新しい技術の開発には、莫大な資金が必要になる。一社のみでこうした資金をまかなうのは困難である。また、日本やヨーロッパの車がアメリカ市場を席巻したことが示すように、どのメーカーも自国内の市場だけではやっていけない。どうしても世界の市場を相手にしなければならなくなってきた。昨今の自動車メーカーの合従連衡はこういった背景によるものだ。一旦動き出したグローバライゼーションは止めることができない。

二一世紀を迎えた今、第5章を中心に、自動車の誕生から現在までの歩みを駆け足でたどってきた。ガソリン機関が生まれて一〇〇年余、日本が自動車生産を始めて七〇年余、そしてホンダが自動車に参入してから四〇年、万物流転、因果応報が強く感じられる。克服すべきさまざまな課題があったにせよ、それでもこの一〇〇年余りの人間と自動車の歩みは、素晴らしい進化の歴史であることに違いはない。

プリウス（2003年）
世界初の量産ハイブリッド乗用車として、時代をリードする革新的な乗用車のありかたを提示している

この二〇年ほどの間の自動車をめぐる動きは、それ以前の動きとは大きく異なっている。それは、自動車自身の技術的あるいは機能的な問題よりも、社会的、政治的要因による動きであるということである。環境や資源の問題、世界的な企業の再編問題、ＥＵの統合問題など、いずれも自動車の存在を無視して解決できる問題ではない。

反対に車のつくり方も、このような状況に対応しなければならない。近い将来、自動車のデザイン、社会での自動車の役割、そして人々の自動車をつくる企業への期待がどのようなものであるか、それに応えるにはどうすればよいか、そうした答えを探るのが自動車つくりに関わる人たちの役目だと考えている。

自動車は誕生以来、世界のさまざまな地域や社会に最適な、あるいは時代の特性に対応してその形態と機能を変化させてきた。人間が使って役に立つ道具としての自動車は、「人や荷物の運搬をいつでも誰にでも簡単に行えるように」という目的で生まれたからだ。「自動車は三等機械でなければならない」というのは、三菱自動車の元副社長だった関真治氏の言葉である。自動車は宇宙ロケットのような「一等機械」とは違う。誰にでもつくれて、誰にでも修理できて、誰にでも乗れる機械でなければならない、という意味であるが、なるほどと感心させられたものである。

ダイムラーやフォードが二〇世紀の初め、曲がりなりにも何とか実用に足る自動車をつくり上げて以来、多くの人たちが性能と機能の向上を目指して苦労してきた。現代の自動車にとっても、「役に立つ道具」であり続けることは決して簡単ではない。技術的には格段の進歩をしているから、難しいのは主に「時代に対しての存在意義」の点についてである。自動車が「人や荷物の運搬を誰にでも簡単に行う」という目的でつくられたのは間違いではない。

だがそればかりではないと私は思う。人間は大昔から「鳥のように空を飛びたい」とか、「馬のように速く走りたい」「魚のように海を渡りたい」と願ってきた。だから、機械の力でなんとかそれができそうになったときに、「これを使って速く走りたい」と考えたのは至極当然であり、「これは面白そうだ」と思った遊びごころに溢れた人たちが、自動車をつくり始めたに違いないと考えている。

こうした素朴な願望を満たすための技術は、いつの間にか人を月にまで送り込むようになった。しかし、そうした技術が独り歩きを始め、ついには「技術のための技術」を目標とするようになり、環境汚染や資源の浪費が問題になってはじめて人がそれに気付いたのである。

かつての素朴な願望は人間臭さに溢れていた。そうした願いが一つひとつ満たされて人は幸せを感じたのであって、その幸せは科学や技術の進歩とは無関係である。それでも二一世紀に、科学技術は更なる発展を遂げるであろう。それが人の素朴な願望を満たすものであり、人が幸せを感じ取れるものであって欲しいと思う。二一世紀のデザインが、そうした「科学技術」と「人間」の理想的関係を実現するものであってほしい。

「IT革命」とデザイン

定年でホンダを去る前の二年ほどの間、週に一回、私の今までのデザイン人生の総まとめに「かたちはこころ」というタイトルをつけ、ホンダの研究所内ネットワークで全所員に配信した。いうならば個人的なエッセイのようなもので、他の人が読んで面白いかどうか少々心配であったが、幸いにも若い人たちに喜んでもらって胸をなでおろしている。
これは今にして思うと、一種の「ナレッジ・マネジメント」であった。ナレッジ・マネジメントとは、情報技術（ＩＴ）を用いて、会社の業務で得られたさまざまな専門知識、情報、ノウハウなどを一元管理して、ネットワーク上で共有化を図ることである。こうした蓄積を利用すればいろいろな問題を解決し、新たな商品開発に結び付けることができる。「かたちはこころ」がそのようなかたちで活用されるなら、喜びこの上もない。もし社内ネットワークがなかったら、全社員に配信するなど到底不可能であったろう。ＩＴの威力を身をもって感じたものである。

さらに実感しているのは、ＩＴが、これまでのピラミッド型組織を破壊し、まったく新しいヒエラルキーつくりを可能にしたことである。縦の階級的権威や横の機能部門別障壁を取り去る状況が自動的に生まれたわけだ。これは三〇年前、私が初代シビックの開発に携わって感じた「既成概念を打ち破るような創造のエネルギーは、共通の目的をもった異質な人々が集まって、対等な仲間意識で、明るく事に当たることにより生まれる」というやり方が、ごく自然に、しかももの凄いスピードでやれるようになったといえるのではないだろうか。

スウォッチ
発想・ウィット・色気・奇抜さを表現し、豊富な色とデザインで他とは違っていることを価値とした

写真提供
スウォッチ グループ ジャパン㈱
スウォッチ・ライン 03-3980-4007

「IT革命」といわれているように、機械文明の始まり同様に新しい技術にもとづく社会がわれわれの世界を急激に変えつつある。例えば機械による大量少品種生産が、少量多品種の生産へとシフトした。少量多品種生産の典型である一九八〇年代の「スウォッチ」の流行は象徴的である。時計としての機能はそこそこ、値段も安い。ただし色とデザインがたくさんあって、二つと同じものがないように感じられるほどだ。中の機械はすべて同じものだから「スウォッチ」は「違っていること」自体を「価値」とした商品であった。

こうした少量多品種の生産は、部品の供給や工程の管理が複雑になるからコンピュータを駆使できるITの時代になって初めて可能となったのであるし、「違っていること」そのものが価値であるから、デザインによってそれを際立たせなければならない。「形態」と「機能」が一体ではないデザイン、そうした新しい考え方、やり方のデザインが生まれたということである。一九三〇年代のアメリカに工業デザイナーが登場し、新たな考えにもとづくデザインによって市場を活性化した。現代のデザイン・シーンがそれと似たような状況にあるのかもしれない。

自動車は「小回り」のきく商品ではないし、少量多品種生産の「モノ」でもない。しかし、それでも以前と比べると、車のコンセプトの目指す方向は完全に変わってしまった。ホンダの基幹車種である「アコード」は、現在、「日本」「アメリカ」「ヨーロッパ」それぞれ名前だけ同じで、実際は各地域向けに全く別の形の車となっている。「お客様一人一人の好みに応じて」にはほど遠いにしても、各地域の人々の好みにできるかぎり合わせようと、懸命の努力をしているのである。

デザインは「変わりゆく」ものだ

これまで述べてきたように、私が三〇数年にわたって関わった商品を眺めると、七〇年代初頭の「初代シビック」、一九八〇年代に入っての「二代目プレリュード」、一九九〇年代前半の「初代オデッセイ」と、一〇年ごとの各年代を代表するヒット商品は、見事にその姿かたちを異にしている。そして現在、二〇〇〇年代の幕開けを飾って疾走している「フィット」を併せて俯瞰すると、より鮮明に個々の違いを見てとることができよう。この状況を見る限りにおいても、ひと昔（一〇年）というかひと回り（十二支）というか、一〇年前後の時をおいて物事が大きく変わるということを如実に示している。

時代が商品を変えているのか、商品が時代を変えるのかについては議論があろうが、商品をつくるのも使うのも人の欲望がなせるところと考えれば、双方ともが作用して変わっていくのだといってよい。第11章の四つのクルマと同時代に人々の心を捉えた、他のジャンルでそれぞれの時代を代表する商品を見ることで、時代と商品の相関についてより理解ができる。

公害問題や石油ショックによって高度成長にかげりが見え出した七〇年代、大阪万博の成功、ラジカセや電卓が先端技術を予感させ、さらに経済的な大衆車の台頭。八〇年代は拡大志向の進むなか、カラオケやウォークマンの出現、DCブランドやハイソカーなどの高級指向。九〇年代はバブル経済の崩壊、そうした中で、RV車やカーナビ、パソコンや高級ブランドの普及。そして二〇〇〇年代に入り、廉価なミニカー、携帯電話、ユニクロや無印良品が注目を集めた。そしてそのうち超デフレ現象から脱出して、暮らしにおけるモノの姿が変質進化していくに違いない。

何十年かの後、こうした商品が博物館に陳列されたとき、説明書きに「何年に発売された画期的な商品である」と書かれたとしても、見学者はその商品の本当の素晴らしさを感じ取ることはできないであろう。時代背景が伴っていないからである。

商品は明らかに、社会の経済状況やそれがもたらす世相を色濃く反映している。デザインと商品の関係は芸術と作品の関係とは異なり、時代を媒介とした相対的なものであり、そうした柔軟さによって社会の変化に対応する。まさに「不易流行」であり、商品のデザインは時と場合に応じた世の中の変化を映し出すのだ。デザインは「変わりゆく」ものである。

成功した商品は、時代の変化を読み取り、それに応じて「変わることができたもの」である。これは常に新しいものを求めるユーザーの心情に応えようとする供給側の努力によるもので、またその結果、あっという間に、成功した商品の類似品で市場が埋めつくされるという現象も出てきた。

先見
先取
先進

このような時代時代に見られる現象には必ず原因があり、そこに潜む原理を見つけることが、時代をリードする商品企画やデザインを創造するための鍵を握るといってよい。「欲しいモノ（七〇年代）」から「もっといいモノ（八〇年代）」へ、そして「みんなのモノ（九〇年代）」からへ、さらに二一世紀のこれからは「自分に合ったモノ」への欲求がさらに高まるだろう。

商品を供給する側から見ると、これまでのような規格品を大量につくることで成り立っていたコストや品質、それを保証する大型生産設備は通用しなくなった。少量多品種、短命を覚悟した新しい生産設備対応が迫られる。企業の設備投資意欲が停滞しているのは単にデフレ現象からだけでなく、変わりやすく先の見えにくい消費者の欲求に応えるための生産手段を、供給側が模索している状態なのだ。

ＩＴ技術の進歩とその生産技術への応用によって、フレキシブル（自在）でアジャイル（機敏）な生産方式の開発が期待されている。私は好んで、「先見・先取・先進」という言葉を使う。鋭い感性で先見し、強い意志をもって先取し、逞しい行動力で先進するという気持ちである。しっかりとした自分の考えをもち、志高く、心を込めて、新しい世紀のモノつくりに向かっていく以外にない。

二一世紀のデザインのキーワード

二一世紀を迎えたが、この世紀はテロや戦争、疫病の流行で始まり、残念ながら希望に溢れたという感じではない。それどころか、資源や環境といった解決の困難な問題が大きく立ちはだかり、これまでの文明のあり方の見直しをわれわれに強く迫ってきている。どうやら、二一世紀はバラ色の世紀というわけにはいかなそうだ。

現代が、「工業化社会」から「情報化社会」への転換点であるといわれて久しい。産業革命は概ね一〇〇年間ほどかけて世界に行きわたったが、変化の速度がずっと速い現代では、おそらくすでに世の中はこうした転換点を越えてしまったのかもしれない。こういうことは、何年何月にそうなったとはっきり分かるものではないし、ましてや、同じ時代に生きるわれわれにとっては、なおさら関知しにくいものである。

日本は明治維新以来、富国強兵とか産業立国というスローガンのもとに、科学技術の振興を最大の目標にしてきた。このような工業化社会への原動力となった科学技術は、多くの有用な「モノ」をつくり出してきたのである。

　ところが、公害や環境汚染の問題が起こり、科学技術が人間にとってすべてが有益なものではなく、両刃の剣であることが明らかになった。これには、科学技術の発展は人間を幸福にするのであり、その発展のためには「モノ」と「社会や生活」との関係が多少ギクシャクしても仕方がないという暗黙の了解が、モノのつくり手と使い手の間にあったに違いない。

　情報化社会とは、世の中のさまざまな情報の中から有益なものを選び出し、それを分析加工して新たな価値をもつ情報をつくり出すことを主眼とした社会、そして、それが「モノ」以上の価値をもつ社会のことである。目に見えない「情報」が価値をもつ社会、とはいっても、私のように長年、目に見える「モノ」にばかり関わってきた人間にはピンときにくい。またいくら情報化社会だからといっても、人間に衣食住はついてまわるものだ。将来「モノつくり」が消えてなくなってしまうというわけではないから、「モノつくり屋」の立場でこれを考えてみることにしたい。

　私は、情報化社会での「モノつくり」とは、単に有用な「モノ」をつくり出すことのみを目標とするのではないと思っている。「モノ」しか見ない、あるいは、すぐ結果の分かることにしか興味をもたない、そういった短絡的な考え方での「モノつくり」が環境汚染や公害問題を生んだに違いないと考えるからだ。二一世紀には、つくり上げた「モノ」によって何ができるか、そして、そのことが世の中と人間をどのように幸福にできるか、までを考えた「モノつくり」が必要になると考えている。

　私の専門である「自動車つくり」についても同様であって、これからは、移動のための道具つくりという考え方だけではやっていけない。「移動や運搬の道具」という機能を「どのように活用」するかによって、新たな可能性が生み出されるからだ。「家族でキャンプ」とか「恋人とデート」とか、自動車で何ができるかといった可能性、つまり「ものごと」や「こと」が、どれだけ人の暮らしを豊かにするかを重視する時代へ変化していくに違いない。自動車は科学技術とともに発達し、人や物を効率よく運ぶための、いうならば「モノ」としての物理的な完成度を高めてきたといえるが、これからの社会に対しては、今まで忘れられがちであった「ものごと」や「こと」という側面に、目を向けていくべきであろうと考えている。

デザイナーは、自分が欲しくならないような「モノ」をデザインしてはならない。デザインのテクニックだけで「心」を込めずによいデザインはできないのだ。自分が気に入る商品なら、自分と似た他人も必ず気に入るはずだという気持ちでデザインしなければならない。

「モノ」から「ものごと」や「こと」へ、さらにデザイナーの「こころ」は……。私は、二一世紀のデザインのキーワードは、このようなものであろうと信じている。

おわりに

『デザイン「こと」始め』と題したが、「モノ」から「こと」の時代へ、という気持ちを込めたつもりである。ここでいま一度、本書が述べてきたところを振り返ってみたい。

私のデザイン観として、「デザインすること」とはデザイナーが主観的に考え、それを客観的に表現し実現する「モノつくり」であると思っている。もちろん、世の中にあまねく行きわたり人々の役に立つために「デザインの客観性」は重視されるべきであろう。がしかし、たとえ僅かであっても「モノつくり」に込めた人間の意志や想いが感じられないような、いわば機械的に決められたデザインを、私は認めたくはない。

科学では「モノ」の定義は可能だが、「人の心」を定義することは困難だとされている。人間は科学技術の発展のために、変化に対して柔軟であるはずの自分自身を固定化したシステムに無理やり押し込んでしまい、社会の歪みを招いてしまったように思われてならない。近代科学が対象としてきたのは、文明という万人に平等で均質的な世界である。一方、文化としてのデザインは、科学的な手法で展開はされるが、科学よりも人間的であり人の心に馴染みやすいものなのである。その点で文化は、不平等であり個性的であるといえる。

すでに述べたとおり、私がホンダの四輪デザインを任されることになった頃、ある本の中で、江戸初期の元武士で禅僧の鈴木正三という人物を知った。彼の考えは、自己の勤めを一心不乱に行うことが修行（菩薩行）であり、農民にとっては「農業即仏行」、商人にとっては「商売即仏行」であるというものである。私はこれに習い、デザイナーにとっては「デザイン即仏行」であるとし、またそのための心構えとして、「かたちはこころ」という言葉を見出すことができた。デザイナーの心は形に表れるものであり、また自分の心を形に表せる力量が必要であるという意味でもある。

江戸前期の俳人、松尾芭蕉の「不易流行」という言葉にも触れた。私がホンダで関わった四輪デザインの中で、「初代シビック」「二代目プレリュード」「初代オデッセイ」の三つのクルマは、とりわけこの言葉がよく当てはまる気がしている。「不易」と「流行」の両面を備えていると思うからだ。優れたデザインには、「不易」である部分と「流行」である部分が必要であるが、やはり「流行」、すなわち新しく変わっていくものだとしているところが重要である。私はこの「不易流行」と、モノつくりに欠かせない「心を込める」という要素を、「普遍性・先進性・奉仕性」という言葉に置き換え、これを私なりの「デザインの三要素」と考えるようになった。

室町初期の能役者・能作者、世阿弥のいう「舞を舞い、舞に舞われる」や、「見所より見る所の風姿は、我が離見なり」も、デザイナーにとって含蓄の深い言葉である。デザインが社会活動である以上、どのように社会に役立ち人々を幸せにするか、そのために、つくり手であるデザイナーはどのように考えなければならないか、また能役者にとって客席からの視点が重要であるように、デザイナーにとってもユーザーからの視点をいかに重視すべきか、を示唆している。

「モノつくり」には、「想なくして創なし」の考えが大事だともいってきた。「創る」ためのエネルギーは「想い」から生まれる。例えば、本田宗一郎の想いが製品に現れていたからこそ、ホンダの製品は個性的であるといわれ評価されたのだと思う。現代の巨大なプロダクトシステムに、個人の想いは押しつぶされがちであるが、私は、たとえ僅かであっても、人間の「モノ」に対する「想い」を形に表すことがデザインであり、また同時に、世の中の動きに合わせて、時々刻々変化していくのがデザインなのだと思っている。

デザインに関わる「こと」は、だから楽しいのである。面白くてやめられないのである。本田宗一郎が私たちに伝えたように、私もデザイナーを志す若い人たちに、創意工夫の楽しさ面白さを伝えられればとの思いで筆を執った。

だが、本当にそれを実感できるのは、苦労の末につくり上げたデザインを使ってくれる人たちの嬉しそうな顔に接したときである。「モノ」が素晴らしい「こと」を生んだときである。デザイナーのよりどころは、そこにこそあると思う。デザインされたモノを使う人たちにもお願いしたい。よいデザインに出会ったときには思いっきり誉めてやってもらいたい。それが、優れたデザイナーたちを育て、日本を元気にする牽引力になってくれるだろうことを信じてやまない。

最後まで付き合ってもらった読者に心から感謝する。私がホンダで学んだ素晴らしい先輩方に共通していたのは、どなたをとっても、「モノつくり、デザイン」という仕事を、「心底愛し、信じて身をゆだね、そして楽しんでいた」ということであった。このことをお伝えして、筆を置くことにする。

—推薦図書—

『「無分別」のすすめ』 久米是志	岩波書店
『世阿弥』 小林静雄	檜書店
『流線型の時代』 佐貫亦男	グリーンアロー出版社
『自動車 合従連衡の世界』 佐藤正明	文藝春秋
『機械発達史』 中山秀太郎	大河出版
『カー・デザインの潮流』 森江健二	中央公論社
『口紅から機関車まで』 R・ローウイ／藤山愛一郎 訳	鹿島出版会
『機械化の文化史』 G・ギーディオン／栄久庵祥二 訳	鹿島出版会
『情報の歴史』 松岡正剛／情報工学研究所	NTT出版
『ホンダにみるデザイン・マネジメントの進化』 岩倉信弥	税務経理協会
『インダストリアルデザインの歴史』 J・ヘスケット／栄久庵祥二 訳	晶文社
『世阿弥随筆』 檜書店編集部	檜書店
『日本のデザイン運動』 出原栄一	ぺりかん社
『スピードのかたち』 鴨下示佳	グランプリ出版
『花伝書』 世阿弥／川瀬一馬 校註	講談社
『アメリカの機械時代』 ブルックリン・ミュージアム監修／永田　喬 訳	鹿島出版会
『覇者の驕り』 D・ハルバースタム／高橋伯夫 訳	日本放送出版協会
『自動車の世界史』 E・エッカーマン／松本康平 訳	グランプリ出版
『スーパーネイチュア』 L・ワトスン／牧野賢治 訳	蒼樹書房
『ネオフィリア』 L・ワトソン／内田美恵 訳	筑摩書房
『技術と人間』 星野芳郎	中央公論社
『20－21世紀 DESIGN INDEX』 水野誠一 監修	INAX出版
『崩れゆく技術大国』 太田　博	サイマル出版会
『「まじめ」の崩壊』 千石　保	サイマル出版会
『自動車デザインの語るもの』 石渡邦和	日本放送出版協会
『町工場から世界のホンダへの技術形成の25年』 出水　力	ユニオンプレス
『ワーゲン・ストーリー』 J・スロニガー／高斎正 訳	グランプリ出版
『かたちの構想力』 栄久庵憲司 監修	鹿島出版会
『モノづくりと日本産業の未来』 関　満博／冨沢木実	新評論
『ものづくりの方舟』 赤池　学	講談社
『職人衆昔ばなし』 斎藤隆介	岩崎書店
『大森界隈職人往来』 小関智弘	岩波書店
『町工場 スーパーなものつくり』 小関智弘	筑摩書房
『GMとともに』 A・スローン／有賀裕子 訳	ダイヤモンド社
『メルセデス・ベンツに乗るということ』 赤池　学／金谷年展	日本経済新聞社

—著者紹介—

岩倉　信弥（いわくら・しんや）

1939　和歌山県生まれ
1964　多摩美術大学美術学部図案科卒業、本田技研工業株式会社入社
1990　株式会社本田技術研究所・専務取締役
1995　本田技研工業株式会社・常務取締役（四輪事業本部商品担当）
1999　同・社友
2004　立命館大学・経営学（デザイン・マネジメント）博士

現在　立命館大学経営学部・客員教授（製品開発論）
多摩美術大学教授・生産デザイン学科プロダクトデザイン専攻・学科長
（財）日本産業デザイン振興会（JIDPO）・理事

【主要業績】

・主な受賞

1973　CIVIC '74カー・オブ・ザ・イヤー・大賞（外装デザイン担当）
1979　CIVIC S.54年度全国発明表彰・通産大臣賞
1983　CIVIC '84日本カー・オブ・ザ・イヤー大賞（企画・デザイン担当）
1984　CIVIC イタリアピアモンテ・デザイン・アワード・大賞
1984　CIVIC 通産省・グッドデザイン大賞
1985　ACCORD'86日本カー・オブ・ザ・イヤー・大賞（商品開発担当）
1994　ODYSSEY '96RJCニュー・カー・オブ・ザ・イヤー大賞（商品担当役員）

・主な公的活動

1993　通産省・諮問委員会委員（21世紀の日本をデザインする）
1995　日本産業デザイン振興会・諮問委員会委員（民営化に向けて）

・主な講演・寄稿・著書

1988　「デザインと企業」・特許庁創立100周年記念講演
1988　「21世紀の自動車産業の課題とデザインへの期待」・名古屋世界デザイン博
1989　「New Creation with Heart 」・ベルリンモーターショー
1991　「Automobile Design」・ベルファースト国際自動車技術会（FISITA）
1992　「Product Design and R&D Trend at HONDA」・ジュネーブ・モーターショウ
1993　「道」・日本道路公団/名神高速道路開通30周年記念講演
1994　「商品（クルマ）つくり」・早稲田大学商学部
1994　「Japanese Design and HONDA」・フィラデルフィア美術館/寄稿
1996　「Products of Different Cultures」・米国工業デザイン協会（IDSA）
1996　「自動車産業のグローバル戦略」・中央経済社刊/共著
2003　「ホンダにみる　デザイン・マネジメント」税務経理協会刊/単著

デザイン「こと」始め　―ホンダに学ぶ―　〈検印廃止〉

初版発行　平成16年3月21日

著　者　岩倉信弥

発行者　栽原敏郎

発行所　**産能大学出版部**

〒158-8630　東京都世田谷区等々力6-39-15

（電 話）03（5760）7801（代表）

（FAX）03（5760）7804

（振替口座）00100-2-112912

印刷所/渡辺印刷　製本所/協栄製本

（落丁・乱丁本はお取替えいたします）ISBN4-382-05538-5